やってはいけない勉強法リスト

当てはまる人は要注意！

受験勉強は「時間との戦い」です。「時間」という限られた資源を最大限に活用するためにも、「やるべきこと」に時間を投資しなければいけません。本書の制作に際して、東大生200人への取材を行いましたが、そこで明らかになったのは、『やったほうがいいこと』は人それぞれ違うけど、『やってはいけないこと』は共通しているということでした。本書で紹介する「やってはいけない勉強法」の一部をリスト化しましたので、いくつ に当てはまるかをチェックしてみましょう。

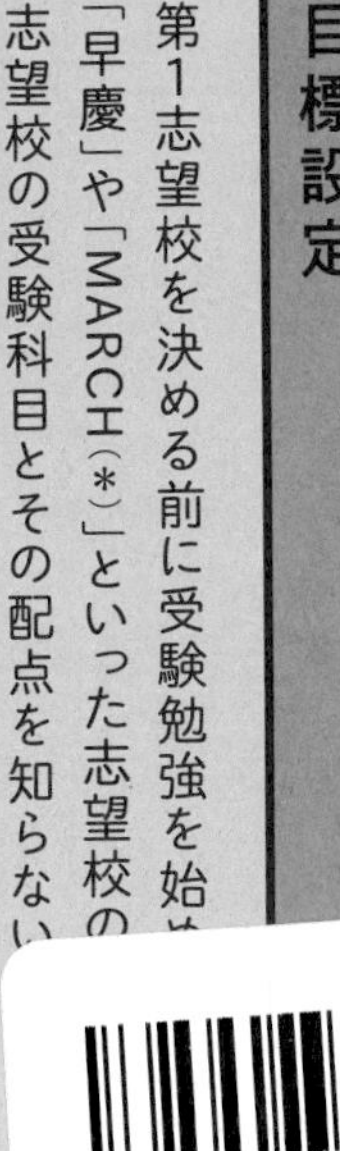

目標設定

□□□□□□

- 第1志望校を決める前に受験勉強を始め
- 「早慶」や「MARCH（*）」といった志望校の る
- 志望校の受験科目とその配点を知らない
- 志望校の合格最低点を知らない
- 志望校の過去問を解いたことがない
- 行きたい志望校があるが、学力が足りないと思って諦めている

（*）明治・青山学院・立教・中央・法政の五大学の通称。

□ 他の受験科目の対策が十分でない段階で現代文に勉強時間を割いている
□ 志望校の入試で出題されるのに古文や漢文の勉強をまったくしていない
□ 現代文の文章はフィーリングで（なんとなく）読んでいる
□ 国語が得意なので国語の点数で苦手教科をカバーするつもりでいる
□ 現代文の対策のために読書や新聞の要約をしている
□ 社会はとにかく用語を覚えればいいと思っている
□ 社会でいきなり一問一答集から学習をはじめている
□ 社会でまとめノートを丁寧に作ることに時間をかけている
□ 学校の歴史や理科の授業がいつごろ受験の全範囲を終えるかを知らない
□ 物理や化学の公式を使う場面や原理を考えずに丸暗記しようとしている

/24

合計

/80

0個 いまのやり方で完璧です。その調子で頑張ってください。

1～20個 おおむね正しいやり方で勉強できているようです。当てはまった項目について確認すれば、より良くなるでしょう。

21～40個 方向性はあっていますが、受験勉強の途中でつまずく可能性があります。当てはまった項目はきちんと修正しましょう。

41～60個 注意！　かなり受験勉強の落とし穴にハマっています。いますぐこの本を読んで、正しい方向に軌道修正しましょう。

61～80個 危険!!　完全に受験勉強の落とし穴にハマっています。この本を隅から隅まで熟読して、イチからやり方を変えてください。

□志望校が決まらないまま、いつまでも悩んで勉強を始められないでいる
□志望校が決まらないまま、なんとなく参考書を選んで買っている

/8

受験戦略

□受験で使う科目はとりあえず全部完璧にしようと思っている
□学校で指定されて購入した参考書をとりあえず使っている
□やったほうがいいと思う勉強は全部やろうとしている
□とにかく勉強に時間を費やすことが合格するための最善の方法だと思っている
□志望校のホームページや受験要項をみたことがない
□志望校の入試に共通テストが必要かどうか知らない
□志望校の入試配点に共通テストがどう得点換算されるかを知らない
□併願校をとくに根拠なく決めている
□すべての併願校の対策をまんべんなくしている
□英検等の外部試験が志望校の入試に使えるかどうか知らない

/10

学習管理

□勉強計画を立てずになんとなく勉強している
□勉強時間だけを基準にその日の学習を終えている

先生や友達に分からないことを質問するのはダサいと思う
いろいろな人の勉強法を参考にしてコロコロ勉強法が変わる
学校の授業さえマジメに受けていれば合格すると思っている

科目別の勉強法

はじめから英単語のすべての意味を覚えようとする
英語の長文をなんとなく読んでいる
英語の長文の中でわからない英単語をそのままにしている
英語の長文を読むとき、品詞を意識していない
とくに理由もなく英語の勉強を後回しにしている
リスニングはとにかく長い時間かけて英語を聴き、音に慣れればよいと思っている
分厚い文法書を隅々まで読んで英文法を勉強している
英単語を覚えるのに1日10単語ほどを少しずつ覚えている
文法事項の理解のためにネクステやVintageを使っている
英語の受験勉強で長文・リスニング・英作文の対策から始めている
数学はわからない問題も考えることが大事だと考え、長い時間をかけて悩んでいる
数学で一度間違えた問題を解き直ししない
数学の例題を解くときにじっくりと考えて解いている
数学でいきなり難しい演習の問題から解いている

□□□□□□□□□□□□□□□□□□

その単元を理解していない段階で問題集を解きはじめることがある
問題集は1回解いたら、その後ふたたび解くことはない
ノートをとる際に字の丁寧さやペンやマーカーの色分けにこだわっている
授業の板書を書きとったノートを、のちに読み返すことはない
満足する点数がとれたときに模試の復習をしないことがある
やる気が出ないと勉強はできないと思っている
教科書や参考書の余白はなにも書きこまれておらず綺麗なままだ
教科書や参考書に書いてあることもノートにきれいにまとめ直している
教科書や参考書に書いてあることをはじめからすべて完璧に覚えようとしている
苦手な範囲は捨ててもいいと思っている
自分で単語帳を作って暗記している
定期テストの勉強は全くしていない
受験科目の定期テストも一夜漬けで勉強している
1つの分野を完璧にしないと気がすまないので、なかなか学習が先に進まない
「例文を写す」「プリントの穴埋めをする」などの宿題も全力でやる
学校の授業は先生の板書を丸写しする
理解したと思っている要点整理のために自分でノートまとめをしている
暗記科目はただひたすら丸覚えしている

□暗記科目の勉強時間が一番長くなっている
□各科目均等に勉強時間を割り当てている
□その日の気分でやる参考書を決めている
□学校の宿題すべてにじっくり時間をかけている
□いままでに模試を一度も受けたことがない
□模試の合否判定によって一喜一憂している
□模試を受けたあとに自己採点や復習をしない
□勉強の質さえ良ければ、1日1時間の勉強でも受かると思っている

基本の勉強法

□成績が思ったように上がらないと頻繁に参考書を変えたくなる
□レベルが高く、内容が網羅的な参考書をはじめに使って受験対策をはじめている
□学校の授業は受験にはまったく意味がないと思っている
□暗記科目はただ参考書やノートを眺めるだけで覚えている
□すでに学習した範囲を忘れていないか不安で何度も復習してしまいがちだ
□塾や予備校に通いさえすれば成績は上がると思っている
□自分はセンスや才能が無いから勉強ができないのだと思っている

/10

THE STUDENT'S GUIDE FOR
UNIVERSITY ENTRANCE EXAMS

現役東大生が伝えたい やってはいけない勉強法

【改訂版】

綱島将人
橋本拓磨

THE STUDENT'S GUIDE
FOR UNIVERSITY
ENTRANCE EXAMS

やってはいけない勉強法リスト

診断結果

巻頭付録の『やってはいけない勉強法リスト』はいかがでしたか？　チェックが少なかった人はこのままぜひ、勉強を進めていきましょう。チェックが多かった人も「まずい……」と意気消沈する必要はありません。詳しく分析して修正し、今後の勉強につなげれば着実に成績を伸ばすことができます！

	チェックの数	質問数	解説
目標設定		8	受験勉強を成功させ走り切るためには、適切な目標設定が必須。達成すべき目標を明確にするため、できるだけ具体的な目標を設定することがポイント。
受験戦略		10	目標達成のために必要な情報を知り、きちんと目標に向かう計画を立てるために必要な戦略。志望校と過去問を徹底的に「知る」ことが最重要です。
学習管理		10	毎日の勉強を習慣化し、着実に成績を伸ばすには、日々の学習計画とその実行管理が肝になります。管理をきちんと行い、計画を意味あるものにしましょう。
基本の勉強法		28	どの科目にも共通する「やってはいけない勉強法」をピックアップ。入試までの限られた期間に勉強をやりきるために、勉強の「やり方」から身につけましょう。
科目別の勉強法		24	科目ごとの注意点もチェックしてください。入試に使う科目だけで良いので、正しい勉強法に修正して、きちんと身につく勉強をしましょう。

あなたの受験突破力をレーダーチャートでCheck!

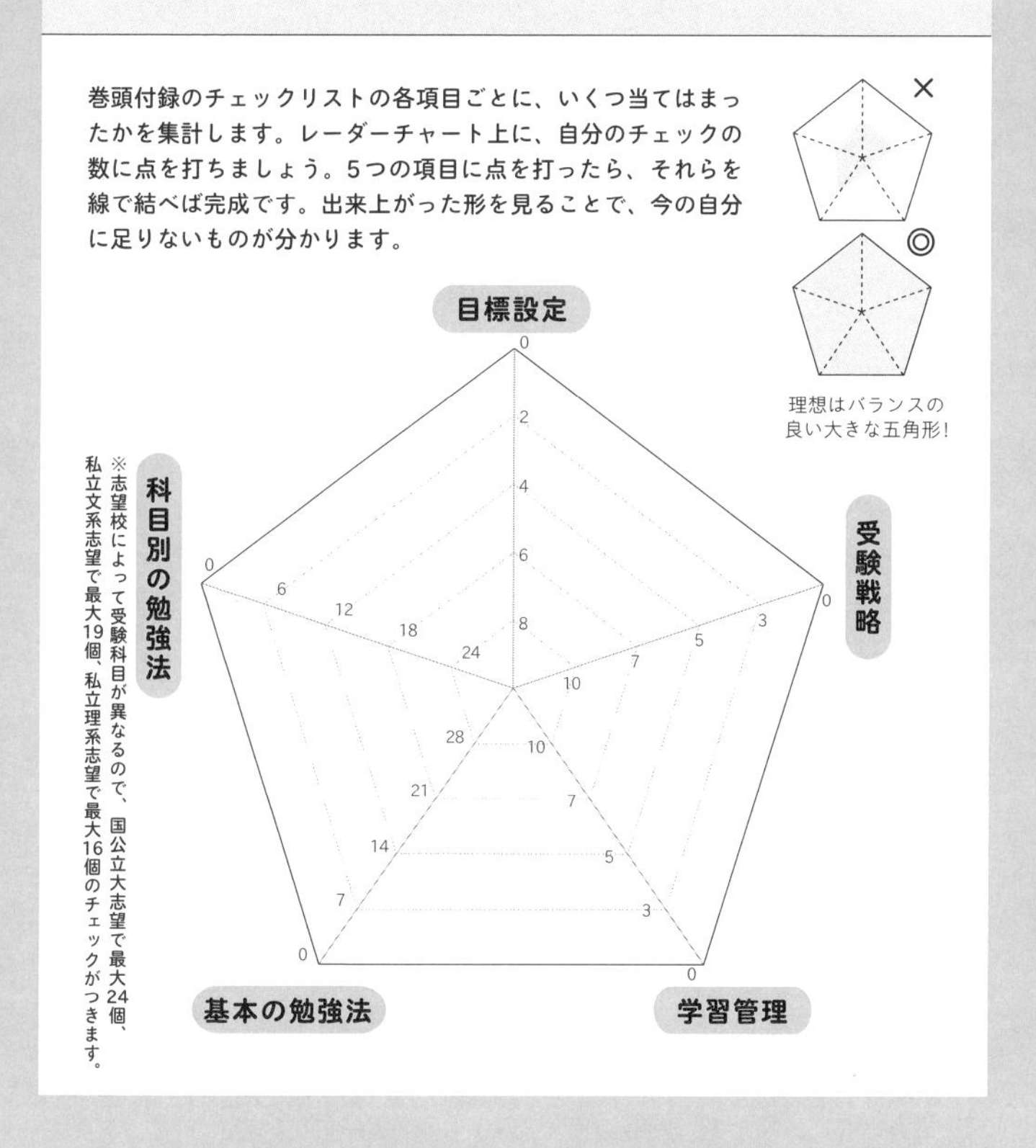

どのようなレーダーチャートの形になったでしょうか？　チェックが多く、レーダーチャートがへこんでいる分野が特に、今から注意深く修正していかなければいけないところです。足りないところを意識しながら次のページからの本文を読んでいくことで、より今のあなたの現状にぴったりの課題解決ができます。ぜひ、チェックが付いたところを解決していくつもりで、じっくり本書を読み込んでください！

はじめに

PREFACE

2017年に『現役東大生が伝えたい　やってはいけない勉強法』をはじめて出版した後、多くの方に読んでいただきました。〝逆算的な勉強法〟は、東大生が当たり前にやっている勉強法なのに、受験生の多くがそれを知らない。逆に、東大生に聞けば誰もが「それはやってはいけない！」というような勉強を、知らず知らずにしてしまっているケースが多いのです。本書はこの逆算メソッドを伝え、「頑張っているのに結果が出ない！」を少しでもなくしたいという思いで書いています。

初版の発刊後、本書の〝逆算的な勉強法〟をベースにしたコーチング型大学受験塾「学習塾STRUX」を運営し、今まで以上に多くの高校生・受験生の悩みに向きあってきました。相談に来た当初は、まだまだ「やってはいけない」勉強をしてしまっている人がものすごく多いのです。ところが、本書のメソッドに沿って勉強法を変え、努力した結果、夏まで部活をしながらも東大に合格したり、勉強時間ゼロから着実に勉強を重ねて1年で早稲田大に合格をしたりという生徒も出てきました。今回改訂にあたり、今まで以上に、そういった生徒の相談を受けるなかでの「生の事例」を織り交ぜました。「あぁ、こういう悩みは自分もあるなぁ」と、自分の実状に照らしあわせながら読み進めてください。

本書では1章・2章で「受験勉強でハマりがちな落とし穴」について、3章で「科目ごとの詳しい勉強法」についてお伝えしています。4章では、本編に入りきらなかった「受験勉強や入試制度についての具体的な悩み」に会話形式で答えています。合間に東大生200人へのアンケートによる共感の声も交えながら、先輩たちの「生の声」もお伝えしています。

本書を読んだら、ぜひ「すぐに」実行に移してみてください。まずは巻頭の「やってはいけない勉強法リスト」だけでもいいです。EXERCISEとして実際に本書の内容を実践できるページもありますので、少しずつでも読み進めながら、実際に計画を立ててみましょう。読み終えたころにはきっと"逆算的な発想"で効率的に受験勉強を進められるようになっているはずです。

それでは、さっそく始めていきましょう!

INDEX

目次

1
CHAPTER.

受験勉強を開始する前にハマる「落とし穴」

METHOD.1

「とりあえず参考書を買おう！」はダメ。まずは第1志望校を決めろ。

「このままでは、どの大学にも行けない！　やばい」という焦りの気持ちから、なんとなく、参考書を買う。なんとなく、塾・予備校に頼る。なんとなく、学校の先生に相談する。こういった「なんとなく」の行動は、受験勉強においてもっとも多く行われている失敗のうちの一つです。

断言します。**第1志望校を決める前に受験勉強を始めてはいけません。**それは、なぜか。志望校が決まっていないと、志望校に行くまでのルートを描くことができないからです。志望校が決まる前の行動は、行き先が決まっていないのにただフラフラと歩いているのと同じことで、志望校に近づく勉強になっていないのです。

受験勉強におけるゴールとは、第1志望校に合格することです。参考書を買う前に、予備校に通う前に、学校の先生に相談する前に、まずは第1志望校を決めてください。

SECTION ① 足し算をするな。逆算をせよ。

東大生の受験スタイルと一般的な受験生の受験スタイルのもっとも大きな違いをご紹介します。この本を書くことになったのは、その違いに気づいたことがきっかけです。受験勉強をするうえでの大切なエッセンスですので、心して読んでください。

その違いとは、**「逆算して受験に挑んでいたかそうでないか」**です。

「逆算して受験に挑む」とは、どういうことでしょうか。

東大に合格する受験生は、受験勉強を始めるにあたって、まず第1志望校（この場合は、もちろん東京大学）を決めます。

そして、東京大学の入試問題の出題傾向や配点のバランスを分析し、東京大学に合格するためにはどのような学力を身につける必要があるのかを把握します。次に、その必要な学力を身につけるために適切な手段（参考書や塾・予備校）は何かということを考え、決めていきます。

つまり、「第1志望校に合格するためには何が必要なのか?」という分析から入り、分析の結果、必要だと判断したものをそろえていくというスタイルをとるのです。

一方、一般的な受験生は、その多くが第1志望校を受験本番ギリギリに決めます。学校の先生や予備校の先生に「これをやりなさい!」と言われたから、とりあえずそこから手をつけていくという受験スタイルの人がほとんどです。

予備校の先生に言われたから○○を勉強する。学校の先生から宿題を出されたから○○をする。このような積み上げ式の勉強を、この本では**「足し算的な受験勉強」**と呼んでいます。このスタイルで受験に挑むことはたいへん危険です。

✕
足し算的な勉強法

逆算的な勉強法

なぜ、このような受験スタイルをとってしまうと受験に失敗してしまうのか？ それは、**志望校によって対策しなければいけない範囲や分野がまったく異なるから**です。足し算的に勉強してしまうと、志望校では出題されない範囲や配点の低い範囲の勉強にも時間をかけてしまうことになり、合理的とは言えません。

入試の世界では、英語一つとってみても、ある大学では和訳や英作文が多く出題されるが、別の大学では長文の問題ばかりが出題される、なんてことが当たり前に起きています。

具体例を挙げましょう。クイズ番組など、なにかと比較されることの多い東大と京大ですが、この両大学の「入試において求められる英語力」を例に考えていきたいと思います。実は、東大と京大では、求められる英語の能力がまったく違います。そのため、東大に合格できるけど京大に合格できない、なんてことも不思議ではないのです。

東大の入試では、幅広い英語の力が求められます。京大では出題されないリスニング問題も出題されます。つまり、東大を第1志望校とする場合はリスニングの対策をしなければなりませんが、京大を第1志望校とする場合はリスニングの勉強をする必要はないということです。

◆ 東京大学・京都大学の英語の問題分析

東京大学（2019年度・前期）

第一問（A）	要約
第一問（B）	空所文補充
第二問（A）	自由英作文
第二問（B）	和文英訳（10語程度×２文）
第三問（A）（B）（C）	リスニング
第四問（A）	文法・語法（誤文訂正）
第四問（B）	和訳
第五問	長文読解

京都大学（2019年度・前期）

第一問	和訳・内容説明
第二問（1）（2）（3）	和訳・内容説明
第二問（4）	自由英作文（文章内容に関連）
第三問	和文英訳（７行の文章）

足し算的な受験勉強をしてしまうと、本来なら時間をかけるべきでない分野にも時間をかけてしまいがちです。京大を目指しているのに、リスニングの勉強に時間をかける必要はありません。受験勉強において時間は限られていますから、時間をもっとも効率良く使うためにも第1志望校をはじめに決めておくことは重要です。

京大では、和訳と英作文しか出題されていません。もし、あなたが京都大学を第1志望校とするなら、極論を言ってしまえば、和訳と英作文の参考書・問題集だけを解くべきです。長文の問題集に手を出す必要はないでしょう。

東西のトップと言われる二校でも、これだけ対策すべき分野が違います。これは、他の大学にも言えることです。第1志望校によって対策すべき分野は大きく変わってくるということを、まず押さえておいてください。

また、「レベルの高い大学の対策をしていれば、他の大学にも合格できる」というのも実は迷信です。

実際に、東大合格者も早慶の入試に落ちます。これは割と有名な話です。東大受験生の併願校はだいたい早慶なのですが、東大受験生は東大に特化した入試対策をしているため、東大に合格しても早慶には落ちてしまう、ということもあるのです。このことからも、**第1志望校によって、受験勉強で勉強する範囲や対策方法を変えなければならない**ということがわかると思います。東大には東大に向けた対策、早稲田には早稲田に向けた対策があるということです。第1志望校を決めなければ、そもそも対策の立てようがないのです。

SECTION ② 東大生は、受験勉強が終わっても勉強法について語れる。

あなたはいましている勉強を「なぜ」しているのか。その理由を説明することができますか？　もし、それを語れないなら、きっと受験が終わった途端にどんな手順で受験勉強をしてきたのか忘れてしまうでしょう。なぜなら、その勉強法には根拠がないからです。ただ単に、やれと言われたからやったという、足し算的なものになっています。

一方、東大生たちは自分が行った受験勉強の方法を覚えています。大学3、4年生になっても受験勉強について語れます。れっきとした根拠をもって、受験勉強に臨んでいたからです。この傾向は、本書の執筆に先立って行った東大生200人へのアンケート調査の結果でも顕著でした。東大生たちは、「受験において合格点を取るためには、こうこうこういう能力が必要で、その能力を身につけるためにこの参考書を完璧にするんだ」というように、志望校にたどり着くための手段として、根拠のある勉強をしてきたのです。だから、いつまでも勉強法について語れるのです。

あなたは根拠のある勉強ができていますか？　根拠をもって勉強できていない理由の多くは、第1志望校が決まっていないことにあります。

SECTION

③ ゴールは徹底的に具体化しろ。

第1志望校を決めなければ、何をすべきなのかを明確にすることはできません。ここでは、もう少し踏み込んで、第1志望校の決め方、つまりゴールの設定の仕方についてアドバイスしたいと思います。まず、**第1志望校ですが、かならず学部まで絞り込んでください。**

CHECK!!

× 第1志望校は早慶
○ 第1志望校は早稲田大学商学部

第1志望校は大学・学部まで決める！

本気で合格したいと思っているなら、「第1志望校は早慶」などのようなざっくりしたゴールではなく、「早稲田大学商学部」といったところまで、ゴールを具体化すべきです。なぜなら、**同じ大学でも学部によって出題される問題が大きく異なることがある**からです。出題される問題が大きく異なるということは、当然、対策も大きく異なります。また、問題だけではなく、配点バランスも学部ごとに大きく異なります。

例えば、早稲田大学で見てみると、文化構想学部では国語が全体の点数の約4割を占めますが、商学部では国語の配点は3割しかありません。文化構想学部を志望する場合は国語にある程度の勉強時間をさく必要が出てきますが、商学部の場合は国語の勉強時間はもっと少なくて十分だというふうに考えることができます。このように、**逆算をするためには、明確なゴールが必要**なのです。

しかし、実際の受験生は、早慶志望やＭＡＲＣＨ志望というように、ざっくりした志望校の絞り方をしている場合がほとんどです。予備校のクラス分けや参考書の対象レベル表示にも早慶受験者向けやMARCH受験者向けといったものが見かけられます。が、ひと口に早慶と言っても、早稲田か慶應かでまず大きく対策が異なります。早稲田に絞っても、さらに学部ごとにまったく問題は異なりますし、場合によっては受験科目すら違うことがあります。ひとくくりにして対策することはできないと肝に銘じてください。

SECTION

④ 受験科目を明確化する。

第1志望校を学部まで絞ったら、次にその**第1志望校に必要な受験科目を明確にしましょう。**大学入学共通テスト（以下、共通テスト）でなんの科目を受験しなければならないのか？　そもそも共通テストを受験する必要があるのか？　一般受験だけではなく、どのような受験形態があるのか？　一般受験では、どの科目が必要なのか？　受験科目を明確化しなかったために、本来なら勉強しなくてもよかった科目に時間を費やしてしまい、必要な科目の勉強時間が十分にとれなかった……などということがないよう注意してください。

ひとこと
数学が入試科目にないのに一番時間をかけていたり、共通テストが不要な私大なのにがっつり対策してしまったり、というケースがとくに多いですね。

ちなみに、著者である私は受験生時代にこれ以上の失敗を犯してしまいました。高校3年生の春に、理系から文系に移る、いわゆる「文転」をしたのです。理系時代に勉強していた物理や化学は、文系受験にはもちろん必要のない科目ですから、おそらく、400時間ぐらいは無駄にしてしまったことでしょう。もし、この400時間を受験に必要な英語の勉強にまわしていたら、得点をもっと伸ばすことができていたかもしれません。私の場合は文系・理系の選択すら変わってしまった場合の例ですが、必要な科目以外の勉強はこうした無駄な時間を生んでしまいます。

別の具体的な例で考えてみましょう。左の表にあるように、一橋大学は文系の大学ですが、数学や理科も勉強しなくてはいけません。また、学部によって科目ごとの配点も大きく異なります。例えば、二次試験の数学の配点に注目すると、社会学部では820点満点中130点であるのに対し、経済学部では790点満点中260点も配点されているので、経済学部を受験する場合はより数学に重点を置く必要がありますね。私の塾に相談に来てくれた一橋大学志望の生徒さんの場合は、数学が大の苦手だったため、数学の配点が最も低い社会学部に出願しました。

ですから、第1志望校が決まったら、科目と配点はかならず明確化してください。

自分が目指している大学の入試問題に、ある程度は特化するほうが効率的。特に難関大学を受験する場合は、そうするべきだと思う。

共感の声（田中雅史・東大・文科3類）

◆ **一橋大学の学部別の受験科目と配点（2020年度・前期）**

※数値は得点。

センター試験	商学部	経済学部	法学部	社会学部
国語	50	40	50	20
数学	50	40	50	20
理科	50	50	50	100
外国語	50	40	50	20
地歴・公民	50	40	70	20
満点	250	210	270	180

二次試験	商学部	経済学部	法学部	社会学部
国語	125	110	110	180
数学	250	260	180	130
外国語	250	260	280	280
地歴・公民	125	160	160	230
満点	750	790	730	820

例）合計点に占める数学の配点の割合
経済学部：(40 + 260) ÷ 1000 × 100 = 30%
社会学部：(20 + 130) ÷ 1000 × 100 = 15%

METHOD.2

志望校の配点バランスを把握しろ。

第1志望校を学部まで絞ったら、次に**第1志望校がどういった配点バランスで選抜を行っているのか調べてください。**英語に何点、国語に何点というふうに大学・学部によってどの科目に何点が割り振られているのかが大きく異なっていることがわかるはずです。

CHECK!!

◆調べるのにおすすめなサイト

大学受験パスナビ　検索

https://passnavi.evidus.com

受験生の多くが、第1志望校の配点を知りません。これは、恐ろしいことです。配点バランスを知らなければ、どの科目にどのくらいの時間をさいて勉強すればいいのか、戦略を立てることはできません。勉強を頑張るのは良いことですが、「受験勉強は第1志望校に合格するための勉強である」ということを忘れないでください。

いまはすべての勉強が、第1志望校というゴールに向けての受験勉強である必要があります。そのためには、第1志望校を徹底的に分析する必要があるのです。「配点を知らない」という人が多いからこそ、早めに知って差をつけましょう。

✕ 第1志望校が決まったので、とにかく一心不乱に勉強を頑張る

○ 第1志望校が決まったので、まずは志望校の配点バランスを調べる

SECTION

① 科目ごとの配点率が勉強時間を決める。

あなたの第1志望校では、入試において英語は何点割り振られていますか？　国語は何点割り振られていますか？　社会は何点割り振られていますか？　数学は？　理科は？　まずは、ここを明確にしましょう。

各科目が、全体得点のうちのどれくらいのパーセンテージを占めているのか明確にするのです。

具体的にどのように計算すればいいのかを、左ページの例を見ながら説明していきます。

配点率は科目配点を全体得点で割った数に１００をかけて算出します。３５０点満点で科目配点が１００点のときは、（１００÷３５０）×１００＝２８・５７…となり、配点率は約29％となります。

この計算式を使って、第1志望校の各科目の配点率を求めてください。

CHECK!!

◆ 配点率の計算の仕方

$$\text{科目ごとの配点率(\%)} = \frac{\text{科目配点}}{\text{全体得点}} \times 100$$

◆ 法政大学経営学部の場合（2020 年度入試　A 方式）

全体得点：3 科目　350 点満点

科目配点：国語　100 点

英語　150 点

地歴　100 点
（本来は地歴・公民・数学から 1 科目を選択する）

↓ これをもとに配点率を算出

科目ごとの配点率：国語 $\frac{100\text{点}}{350\text{点}} \times 100 = 29\%$

英語 $\frac{150\text{点}}{350\text{点}} \times 100 = 43\%$

地歴 $\frac{100\text{点}}{350\text{点}} \times 100 = 29\%$

※小数点以下は四捨五入

なぜ、配点率を計算するか、もうわかりますよね。この配点率が、どの科目をどれくらい勉強するべきなのかを決める指針となるからです。

例えば、国語の配点率が40％の場合は受験勉強の多くの時間を「国語の学習に使うべきだ」となりますが、20％の場合はそこまで時間をかけてはいけないという判断になります。この考え方は当たり前のようで、できていない人が非常に多いのです。

ちょっと身近な例に触れてみましょう。あなたのまわりに、いわゆる「歴史オタク」はいませんか？ 日本史や世界史で、「えっ！ そんなところまで暗記しているの!?」と驚いてしまうほど、歴史を勉強している人です。

こういった人たちは往々（おうおう）にして、数学や英語よりも歴史の勉強に時間を使っています。しかし、歴史の科目配点は、ほとんどの大学ではそれほど高くありません。配点率が20％しかないのに、全体の勉強時間の40％を歴史に費やしてしまった結果、歴史では高得点が取れたけれど、全科目の合計点は低く、不合格……といった受験生は毎年数多く存在するのです。

配点率の低い科目の勉強は必要最小限にとどめるべきです（決して歴史オタクを否定しているわけではありません。その知的好奇心はむしろ見習うべきですが、受験勉強においては致命傷になりうるということも理解しておいてください)。

人間はなんとなくで行動していると、そこに偏りが生まれてしまいます。その偏りが人を間違った方向に導いてしまうのです。特に、受験勉強の場合は、意識しないで勉強していると「暗記科目に時間を使ってしまう」という偏りが生じがちです。なぜでしょうか? それは、暗記科目ははじめのうちは暗記すればするほど得点が伸びていく傾向があり、達成感を味わいやすい科目だからです。

しかし、暗記科目のほとんどは、科目配点はそれほど高くありません。入試の合否を決めるのは(科目配点が高いのは)、数学や英語である場合がほとんどです。

合格のためにはさほど重要ではない科目(科目配点が低い科目)に勉強時間の多くを費やしてしまうという事態は、配点率を把握しないがために起きるのです。

正しい勉強時間の割り振りをするためにも、科目ごとの配点率を把握しましょう。

次のページに、早稲田大学の各学部の科目配点と配点率を掲載しています。これを見ると、学部によって配点率が大きく異なっているのがわかりますね。英語では、配点率がもっとも高いのは商学部などの40%ですが、もっとも低い場合だと30%にとどまります。どの学部を受けるかによって、英語への力の入れ具合も変わってくるわけです。

学部	科目	得点	配点率	科目	得点	配点率
文化構想学部・文学部（一般）	外国語	75点	38%	地歴	50点	25%
	国語	75点	38%			
文化構想学部・文学部（英語４技能テスト利用型）	国語	75点	60%	※英語４技能テストで基準点・基準級を上回る者に受験資格がある。国語・地歴の合計点のみで採点される。		
	地歴	50点	40%			
基幹理工学部	外国語	120点	33%	理科（１科目60点）	120点	33%
	数学	120点	33%			
創造理工学部	外国語	120点	30%	理科（１科目60点）	120点	30%
	数学	120点	30%	空間表現	40点	10%
先進理工学部	外国語	120点	33%	理科（１科目60点）	120点	33%
	数学	120点	33%			
人間科学部（文系方式）	外国語	50点	33%	地歴または数学	50点	33%
	国語	50点	33%			
人間科学部（理系方式）	外国語	50点	33%	理科	50点	33%
	数学	50点	33%			
スポーツ科学部（一般選抜Ａ群） ※共通テスト必須	外国語（共通テスト英語）	100点	40%	小論文	50点	20%
	国語または数学（共通テスト）	100点	40%			

※左の数値が得点、右が配点率。

◆早稲田大学の科目ごとの配点と配点率（すべて2021年度／一般入試）

学部	科目	配点	配点率	科目	配点	配点率
政治経済学部 ※共通テスト必須	共通テスト（25点×4科目）	100点	50%			
	総合問題	100点	50%			
法学部	外国語	60点	40%	地歴・公民または数学	40点	27%
	国語	50点	33%			
教育学部 文科系（A方式） ※学科により得点調整あり	外国語	50点	33%	地歴・公民	50点	33%
	国語	50点	33%			
教育学部 理科系（B方式） ※学科により得点調整あり	外国語	50点	33%	理科	50点	33%
	数学	50点	33%			
商学部（地理・公民型）	外国語	80点	40%	地歴・公民	60点	30%
	国語	60点	30%			
商学部（数学型）	外国語	60点	33%	数学	60点	33%
	国語	60点	33%			
商学部（英語4技能テスト利用型）	外国語	80点	39%	地歴・公民または数学	60点	29%
	国語	60点	29%	英語4技能テスト	5点	3%
社会科学部	外国語	50点	38%	地歴または数学	40点	31%
	国語	40点	31%			
国際教養学部 ※共通テスト必須	外国語	80点	40%	国語（共通テスト）	50点	25%
	地歴・数学・理科から1つ	50点	25%	英語4技能テスト	20点	10%

※共通テストは「国語」「英語」「数学」「理科または社会」の4科目、「総合問題」は日英両言語による読解が必要

※数学を選択する場合は共通テストの点数を利用

この本でも述べられているように、戦略的に勉強すれば、1日10時間以上も勉強したりするような必要はまったくない。

共感の声　（田中丸夏郎・東大・文科3類）

METHOD.3

合格最低点を把握しろ。

受験科目の配点バランスを把握したら、次は**第1志望校の合格最低点を把握しましょう**。第1志望校の合格最低点から、**本番の入試で取るべき目標点数**を割り出すのです。

受験勉強のゴールは第1志望校に合格することであり、第1志望校に合格するためには第1志望校の合格最低点以上の得点を取る必要があります。これは裏を返せば、合格最低点以上の得点は必要ないということです。ここで重要なのは、入試は**各科目を完璧にしなくても合格できるという発想を持つ**ことです。受験勉強をしていると、すべての科目を完璧にしなくては合格できないのでは……という不安にかられてしまうのですが、実際のところは全科目で合わせて合格最低点を取れれば合格できます。

この考え方を大切にしてください。とはいえ、目標点数を1年前の合格最低点とするのは抵抗がありますので、**3年分の合格最低点の平均プラス1割の点数を目標点数にして勉強を進める**ことをおすすめします。

CHECK!!

◆ 目標点数の計算の仕方

$$\text{目標点数(点)} = \frac{\text{3年ぶんの合格最低点の合計}}{3} \times 1.1$$

◆ 具体例

合格最低点が1年前：121点、
2年前：132点、3年前：128点の場合

$$\text{目標点数} = \frac{121\text{点} + 132\text{点} + 128\text{点}}{3} \times 1.1$$

$$= 139.7\text{点}$$

↓

目標点数は140点！

※小数点以下は四捨五入

◆ 結論

目標点数を140点に設定し、その点数を取ることを目指して計画的に勉強を進める。

SECTION

① 何点取れば合格できるのかを知る。これがいちばんの戦略。

合格最低点さえ取れれば合格できる！　この発想は、強く持ち続けてください。ほとんどの大学の合格最低点は、全体得点の6割前後です。「全体得点の8割を取るぞ！」と意気込んで立てる戦略と、「全体得点の6割を取りにいけばいいんだ！」と思って立てる戦略では、その内容が大きく変わってきます。例えば、第1志望校の受験科目が3科目の場合、全体得点の8割を取らなければならないとなると、3科目とも完璧に近い学力を保持している必要性が出てきますが、6割でいいのなら、得意科目、もしくは勉強すれば満点近くを取れる科目で点数を取って、なかなか点数が伸びづらい科目は少しくらい点数が低くても大丈夫、というように、余裕のある戦略を立てることができます。

余裕のある受験戦略

合格最低点をふまえた目標設定

×（無計画に）全体得点の8割を取りにいく

○（計画的に）全体得点の6割を取りにいく

SECTION

② 目標点数から、各科目で何点取ればいいか戦略を立てよ。

目標点数を出したら、次に目標点数を取るために各科目で何点ずつ取ればいいのか、要素分解をしていきましょう。

CHECK!!

◆ 早稲田大学商学部（地歴・公民型）の場合

科目配点
- 英語 80点
- 国語 60点
- 社会 60点

目標点数を140点としたとき

Aタイプ（もっとも一般的な要素分解の仕方）
- 英語 60点
- 国語 40点
- 社会 40点

Bタイプ（暗記の勉強時間を最小限にとどめるのなら）
- 英語 65点
- 国語 45点
- 社会 30点

Cタイプ（社会の勉強が好きなタイプなら）
- 英語 60点
- 国語 35点
- 社会 45点

例として、早稲田大学商学部の場合で、何種類かのタイプの目標点数の要素分解を挙げてみました。

どういった要素分解をすればいいのかは、人それぞれ、得意科目や受験本番までに残された時間などによって違います。ただ、この目標点数の要素分解によって、どういった方針で勉強していくのかが決まってしまうので、この要素分解は適切に行う必要があります。要素分解は自分だけでするのではなく、志望校に合格した先輩や、塾・予備校のチューターなどに相談することをおすすめします。受験初心者は、どういった基準で要素分解してよいのかがわからないと思うので、受験を熟知した人にアドバイスを求めましょう。

［受験戦略を決める流れ］

目標点数を決定

各科目の目標点数を決定

各科目の勉強方針を決定

＊

志望校の先輩やチューターに相談する！

時間は有限であるから、まずゴールを設定して、そこから逆算して自分がどれくらいの時間をかけて何をするべきなのか探るべき。

共感の声　（角田槙之介・東大・文科１類）

COLUMN

東大生 200 人にアンケート❶

東大生に春は来ないのか!?

東大生の恋愛事情を大調査

いままでに付き合った人数を教えてください。

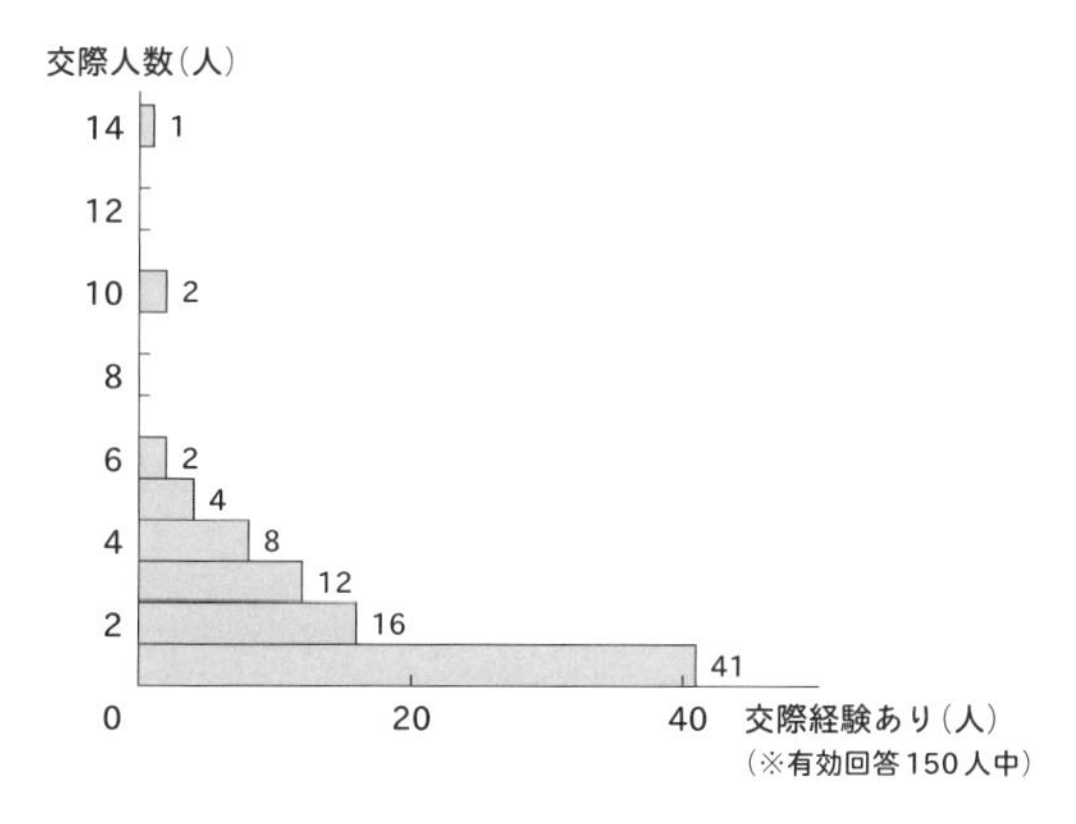

交際経験ありと答えたのは150人中86人(57.3%)。
交際人数の平均は1.38人です。

「将来有望！　モテるに決まってる!!」

「頭が固そうだから、モテないんじゃない!?」

東大生の恋愛に関して、世間ではいろいろなことが言われていますが、
実際のところは「57%が交際経験あり」という結果に。

この57%という数字は、20代前後の恋愛経験割合と大差ない数字です。

東大に行くとモテないと思っている受験生！

安心して東大を目指してください(笑)。

METHOD.4

「過去問はまだ早い！」はダメ。まずは過去問を解け。

全体の目標点数から各科目の目標点数を割り出し、「よし！　受験勉強スタート！」というところまできたら、まず最初にしてもらいたいことがあります。それは、**過去問を1年ぶん解いてみる**ことです。大抵の受験生が、「過去問は最後の総仕上げに取っておくもの」と考えていますが、過去問は**第1志望校の目標点数と現在の学力で取れる点数の差**を知る貴重な手段ですので、定期的に解いていくべきです。ですから、受験勉強のはじめの学習として、過去問を1年ぶん解いてください。

過去問は、直近のものを解くことをおすすめします。それにより、第1志望校の最新の傾向を把握することができるからです。特に近年は入試改革の影響で多くの大学で傾向の変化が見られるので、直近の問題を必ずチェックしましょう。

SECTION ①

まず敵を知ること。敵を知らなければ対策のしようがない。

過去問は、第1志望校からの唯一のメッセージといっても過言ではありません。参考書や予備校講師も、過去問を分析して大学受験の対策を練っています。

どんな分野の問題が出て、どのような能力が問われているのか？ 1年分の過去問を解くことによって、なんとなくでも構わないので感覚をつかみましょう。この感覚が、第1志望校からずれた対策を行わないために必要です。たしかに、赤本や受験情報を掲載したホームページ等をみれば、どういった分野の問題が出題されるのか、ある程度は把握することができるのですが、「どういった分野の問題がどれくらいのレベルまで求められるのか？」などの実感は、実際に問題を解いてみないとなかなか湧かないものです。この感覚がつかめると、受験勉強の内容にも反映させることができます。

第1志望校をよく知るためにも、はじめに過去問を解いてみましょう。

SECTION

② "過去問を解ける" 受験生なんていない。

「過去問を解けと言われても、自分は全然勉強してこなかったから解けるわけがない。だから、いま過去問を解いても意味がない」と過去問を解くことを躊躇（ちゅうちょ）してしまう人がいるかもしれません。ですが、安心してください。"過去問を解ける"受験生なんてそうそういません（ここでの"過去問を解ける"とは、過去問を解いて目標点数を取れるという意味です）。

過去問を解くことに躊躇してしまう人は、実力がついてから過去問を解きたいという人だと思います。しかし、それでは遅いのです。どれだけ悪い点数を取ったとしても、まずは過去問を解いて、自分の現在位置を把握することが重要なのです。

直前期に解く過去問が1年分減ってしまうというデメリットを気にする人もいるようです。ですが、そのデメリットよりも、過去問を解くことでどんな問題が出題されるのかを実感できるメリットのほうが、はるかに大きいのです。

CHECK!!

◆おすすめの過去問の入手の仕方

- 赤本を買う
- 東進過去問データベースから過去問をダウンロードする（無料会員登録が必要）

最初に過去問を解いてみること

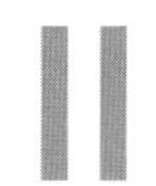

現在の位置を把握すること

共感の声

基礎を身につけることは大切だけど、まずは過去問の傾向などを調べてから、どういうことが問われるのかを考えながら勉強する方が効率が良い。

（進藤万由・東大・文科1類）

METHOD.5

机に向かってからやることを決めるな。計画の立て方で勝負が決まると思え！

第1志望校を決め、過去問を解き終わったら、いよいよ本格的な受験勉強開始です。

さっそく、参考書に取り組みたいところですが、その前にもう一つ大切なステップがあります。それは、**勉強計画を立てること**です。ここまで、目標点数や各科目の時間の割合などを決めてきましたが、この勉強計画のステップをとばしてしまっては、せっかくの分析も実際の勉強と結びつきません。なぜなら、人間は目標から逆算して実際の行動ベースにまで落とし込まないと、逆算で得られた方針とはかけ離れた行動をとりがちだからです。

せっかく分析しても、ただ感覚で勉強を始めてしまっては、分析したことの多くが無駄になってしまうので、勉強を始める前にしっかりと勉強計画を立てましょう。

SECTION

① 勉強計画を立てた時点で、あなたの合否が決まる!?

私は、**あなたがどんな勉強計画を立てたかで、だいたいの合否を予想することができます。**

どういうことかというと、勉強計画を立てた時点で、その計画を達成したあとにどれくらい学力がついているのかが、ほとんど決まってしまっているということです。正しい勉強計画を立てられていれば、効率的に学習して合格を勝ち取ることができます。が、逆に、正しくない勉強計画を立ててしまうと、いくら努力しても成果を得ることはできません。あなたは自分の立てた計画にのっとって勉強するわけですから、計画そのものが間違っていたら、いくら努力してもその努力の成果は見当違いの方向に向かってしまい、志望校に合格することはできないのです。

受験勉強で勝利するための重要なポイントは、❶**計画力** ❷**実現力**の2点です。どんなに「実現力」がすぐれていても、「計画力」がなければ勝利はつかめないということです。勉強計画を正しく立てられているのか？ 立てられていないのか？ これは、あなたの受験勉強の合否を大きく分けるものだと思ってください。

SECTION

② 考えることと行動は分けるべき。

さて、勉強計画を正しく立てることが非常に重要だということはわかったと思いますが、その計画も正しく実行しなければ意味がありません。せっかく正しい勉強計画を立てても、立てたことで満足してしまい、実行できていない人はたくさんいます。そんなことにならないためにも、計画を実行する力を身につけていきましょう。

計画を立てて、いざ実行に移す際に注意すべきことがあります。それは、**実際に勉強しているときには計画を変えないこと**です。勉強を始めると、「この勉強計画であっているのか？」と不安になってきます。勉強計画を見直したほうがいいのかも……という気持ちにもなりがちです。が、勉強している最中に計画を変更してはいけません。なぜかというと、「なんとなく不安」という主観的・感情的な理由で、勉強計画を変えてしまうことになるからです。

そもそも勉強計画を立てたことの意義は、第１志望校合格というゴールから逆算して、そのゴールに到達するためにこなすべき要素を分解し、スケジュール化した点にあります。

もし、感情的に計画を変えてしまうと、逆算から外れた計画になってしまいます。計画はあくまで逆算して立てるべきものなので、いざ勉強し始めたら計画は変えないことが理想なのです。

とはいっても、逆算がしっかりとできていて、自分のこなせる勉強量も正しく調整できている計画書が、はじめから一発で作れるわけはありません。ある程度、調整する必要も出てきます。

ここで私がおすすめするのは、**計画を見直す時期をあらかじめ決めておく**ことです。具体的な例でいうと、「2週間に1回、土曜日の午前中に計画を見直す」といった感じです。あらかじめ決めておくことによって「なんとなく不安」という感情的な理由ではなく、「2週間を振り返って、計画を修正する必要があるのか検討する」という論理的な反省に変えることができます（同じ理由で、私の塾でも週1回の面談内で計画を修正しています）。

ポイントは計画を練る時間と勉強する時間をしっかりと分けておくことです。

1週間2週間単位で大雑把に計画を立てて、その中に予備日を用意しておくと、計画をこなすだけにならずに済む。

共感の声　（糸谷歩・東大・文科2類）

METHOD.6

1日の勉強計画を立てる必要はない。勉強時間の割合を決めろ。

受験生だったころの私にとって、勉強計画を立てているときほどワクワクする瞬間はありませんでした。みなさんも「この計画を実行したら間違いなく合格できる」と、気持ちも高まるのではないでしょうか？　ですが、実際に勉強しはじめると、なかなか計画通りにうまくはいきません。計画通りにいかないとやる気もなくなってきます。

勉強計画がうまくいかない理由は、主に次の二つが挙げられます。

CHECK!!

❶勉強計画の精度が低い

❷勉強計画を細かく立てすぎている

勉強計画の精度が低いのは、はじめのうちは仕方のないことだと思ってください。なぜなら、計画はブラッシュアップしていくものであり、最初から完璧な計画を立てるのはほぼ不可能だからです。自分が、どのくらいの時間で100個の単語を覚えられるのかわからないのに、英単語の勉強計画を立てても、その計画がうまくいく確率はごくごくわずかです。勉強計画の精度は、見直すたびに改善していけば自然と上がってくるので、それほど気にしなくても構いません。

SECTION

① 1日1日の勉強計画はやる気の低下を引き起こす。

問題なのは、勉強計画を細かく立てすぎているときです。勉強計画を立てたのに、その計画を実行しきれないことは、やる気低下につながります。1日1日入念に立てた計画を確実にこなせる人なんて、そうそういないのです（受験当時、私のまわりにはそんな人はひとりもいませんでした）。

勉強計画は、**勉強の方向性**を自己認識することにもっとも重要な役割があります。第1志望校の目標点数をもとに、逆算にそった勉強ができているのかチェックするために作るものです。ですから、詳細な部分にこだわる必要はありません。1日1日の計画を立てて、実行できずにやる気がなくなってしまうのでは、計画を立てることがかえって逆効果になってしまいます。目標点数をもとに、逆算して年間計画・月間計画・週間計画は立てるべきですが、1日1日の細かい計画を立てる必要はありません。

＊　＊　＊

これで、受験勉強を始める前の準備については、ひと通りお伝えしました。私の好きな言葉に「勝負はやる前に決まっている」というものがあります。正しい手順で準備ができているかどうかで、合格の可能性は大きく変わってきます。ここで落とし穴にハマってしまうと、受験勉強を開始した後にいくら努力してもその努力が報われないという結果になりかねません。第1章にそって、受験の準備を進めてみてください。

準備ができたら、いよいよ受験勉強スタートです。第2章では、受験勉強を開始してからハマってしまう落とし穴について、特に開始直後を中心にみていきます。受験勉強を始めると、自分自身の勉強法はこれで正しいのかと、常に不安になるものです。第2章を活用して、その不安を取り除いていきましょう。

1日単位の勉強計画を立てるのは、あまりに視点がミクロすぎる。もっとマクロな視点でゴールを見据え、月ごとの計画などにするほうがよい。

共感の声　（芦澤匠・東大・理科2類）

COLUMN

東大生200人にアンケート❷

夢って持っていますか?

東大生が描く「将来の夢」を大調査

あなたの将来の夢を教えてください。

将来の夢トップ5

第1位	研究者
第2位	法曹(弁護士含む)
第3位	外交官
第4位	官僚
第5位	医者

他にはクリエイターや経営者、アナウンサーなどがありました。

「東大生が描く夢」ってやっぱり“それっぽい”ものばかりですね。
全体的に“カタい職業”を目指す人が多いようです。
公務員志望が多いのも特徴的ですね。
その一方で、そもそも「夢を持っている人」が33%しかいないという
意外な結果にもなりました。
「夢を持っていない人」の中には、
高校生のころに描いていた夢を一度リセットしたという人も。
大学生になると環境が変わるため、
考え方が180度がらっと変わるということもめずらしくありませんからね。

“逆算的な勉強法”をするためには、ゴールを徹底的に具体化する必要があります。本当に必要な勉強だけに時間を使うようにするためには、第1志望校は学部まで決め、受験科目や目標点数を明確にすることが大切です。

二次試験（国立）・一般選抜（私立）

科目	配点	配点率	目標点
合計			＊

check! 配点率＝配点÷全体得点×100

3 合格最低点を調べて、目標点数を決めよう （→P030）

	今年の入試	1年前の入試	2年前の入試	3年分の平均
合格最低点				(A)

目標点数：(A) × 1.1 ＝ [　　　] 点

check! 目標点数＝(3年分の合格最低点の合計)÷3×1.1

4 各科目で何点取ればいいか決めよう （→P033）

3の目標点数を2の表の＊に記入し、各科目の目標点数も決めよう

check! 得意科目や苦手科目を考慮する

check! 受験を熟知した人にアドバイスを求めよう

志望校分析をやってみよう!

目標を明確にして戦略を立てる

1 志望校を決めよう (→P017)

[　　　　]大学[　　　　]学部

check! 学部によっても配点は異なるから、必ず学部まで決めよう

2 受験科目と配点、配点率を調べよう (→P022)

check! 目標点は4で埋めるので初めは空欄でOK

共通テスト

科目	配点	配点率	目標点
英語			
国語			
数学			
社会			
理科			
合計			*

Summary

第1章で学んだ勉強の落とし穴

1. 足し算的な受験勉強をしてしまう。
2. 机に向かってから勉強することを決めている。
3. 1日1日の細かい勉強計画を立ててしまう。

第1章で学んだ勉強の戦略

1. まずは第1志望校を決める。このとき、志望校だけではなく学部まで絞る。
2. 第1志望校の配点バランスを調べる。
3. 第1志望校の合格最低点を調べ、そこから目標点数を決める。
4. どの科目で何点取ればいいのか、配点バランスと目標点数をもとに戦略を立てる。
5. 過去問を1年ぶん解いて、目標点数を取るためにはどんな能力が必要か感覚をつかむ。
6. 勉強時間の割合を決めた勉強計画を立てる。

2
CHAPTER.

受験勉強を開始してからハマる「落とし穴」

METHOD.1

全部理解しなければいけないと思うな！
2割の知識が8割の点数を生む。

さあ、受験勉強を開始していきましょう。と、ここで、受験勉強開始直後に陥る落とし穴があります。この落とし穴にハマってしまうと、せっかくやる気が出たところで、出鼻をくじかれてしまいます。

その落とし穴とは、**はじめから「すべてを理解し、暗記しなければならない」と思ってしまう**というものです。これは、いままであまり勉強をしてこなかった人ほどハマりやすい落とし穴です。どうしてでしょうか？

勉強に慣れている人は、どこを覚えなければならなくて、どこを覚えなくてもいいのかを、感覚的に判断できます。もしくは、これは真っ先に覚えるべきもので、これは後回しでもオッケーというふうに、優先順位をつけて勉強することができます。

しかし、勉強に慣れていない人はその判断基準がないため、すべてのことを覚えなければならないと思い込んでしまいがちなのです。

英単語の暗記を例に考えてみましょう。ふつう、単語の意味を調べると、1単語につき一つの意味だけでなく、いくつもの意味や派生語・例文・発音記号・用法などが記載されています。受験勉強開始直後の落とし穴にハマってしまった人は、これらを最初からすべて覚えなければならないと勘違いしてしまうのです。そんなふうに捉えてしまっては、覚えなくてはならないことがあまりにも膨大で、勉強に取りかかって間もないうちに挫折してしまうでしょう。限られた時間の中で、とてもじゃないけれどそんなことをやってはいられませんね。

でも安心してください。受験でよく出る英単語は実は限られています。問われる意味も限られています。すべての単語のすべての意味を覚えなければ受験を突破できない……そのような勘違いによって、端から端まで丸暗記するような勉強をしていたら、それはとてつもなく非効率です。受験勉強では、**重要なところだけを理解できればオッケー**というふうに考えるようにしましょう。

「重要なところ」を押さえるコツの、具体的な例を挙げてみましょう。

CHECK!!

◆重要なところを押さえるコツ

英語

英単語を覚えるときは、まず、それぞれの単語のいちばん最初に書いてある意味や赤字の意味だけを覚える。

数学

解法の肝となる発想方法が重要なので、例題が豊富に記載されている参考書の「考え方」や「ポイント」に当たるところを押さえる。
（例題の記述をすべて暗記しようとしていた人は、まさに落とし穴にハマってしまっています）

社会

まずは歴史の流れをつかむために、教科書で太字になっているところを中心に覚える。

ほとんどの参考書は、重要な単語や用語、公式など、受験に頻出のものは太字や赤字によって「強調」されています。勉強を始めたばかりの人、勉強に慣れていない人は、わかりやすく重要語が強調された参考書を買うことをおすすめします。最初からすべてを覚えようとしてはいけません。まずは、最重要項目から。肩の力を抜いて、受験勉強を始めていきましょう。

SECTION ① まずは記憶の軸を作る。

最初からすべてを理解し、暗記しようとしてはいけない！　私がこう断言するのには、「そもそもすべてを暗記することは無理だから」という理由のほかに、もう一つ大きな理由があります。それは、「何かを覚えるときには、**まず理解の軸、暗記の軸を作ることが大切だから**」です。

人間の脳は、関連付けられるものや規則性のあるものは暗記しやすいと言われています。まず重要項目だけを覚えて「記憶の軸」となる部分をしっかり作ると、それに関連付けた暗記は、ただやみくもに覚えるよりもずっと容易になるのです。

例えば英単語の場合、記憶の軸となるのは「いちばん最初に書いてある意味」です。歴史の場合なら「太字になっている用語」です。まずは、記憶の軸となるものを覚えてしまい、その後に、その軸にそって関連する知識をつけていくのです。また、歴史用語がなかなか覚えられず、選択肢問題が解けないという悩みを抱えていた生徒の例をあげると、それまでやみくもに覚えていたのを、穴埋め形式の歴史ノート（「詳説日本史ノート」など）を使うことで改善されたのです。「①まずは穴埋めの部分だけ覚える」「②穴埋め部分が覚えられたら周辺の文章も読み、関連する知識をつけていく」というやり方に変えることで用語の暗記・理解が深まり正答率がぐんと上がりました。このように、木の幹に少しずつ枝葉をつけていくイメージで勉強していきましょう。

勉強内容を覚えるときのコツ

記憶の軸を作る

軸にそって関連知識を覚える

人間の脳

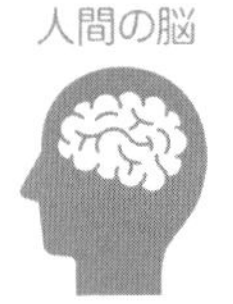

関連付けられるもの

規則性のあるもの

暗記がしやすい

SECTION

② 量より質！ 2割の知識で8割の点数を取れ。

あなたが暗記するほとんどの知識は入試本番には出題されません。悲しいことにこれは事実です。入試問題ですべての知識を出題していたら、それこそ1000点満点でも点数が足りなくなってしまいますから、当然といえば当然です。さて、この事実から何を導き出したいのかというと、**入試における暗記の勝負どころは、決して知識の総量ではない**ということです。「知識の量」と「点数」は比例するものではありません。**よく出る知識をいかに完璧に覚えているかが勝負どころ**なのです。英単語帳を開いてみてください。だいたいどの英単語帳にも冒頭の「はじめに」などで、最重要単語を覚えれば入試に通用するといったことが書かれていると思います。事実、その通りなのです。

英単語の場合、よく出る単語を2000個ぐらい覚えてしまえば入試に通用します。そよく出る単語はそれこそ、毎年の入試問題の中で数えきれないほど使用されます。その一方で、1年に1回出るのかも怪しいような単語もたくさんあります。英単語は無数に存在しますから、すべてを覚えていてはキリがありません。ですから、よく出る単語から覚える！　もっと極端に言ってしまうと、英単語暗記はよく出る単語さえ覚えてしまえば、あとはなんとかなるくらいの気持ちで臨みましょう。

ところで、パレート法則というものをご存知でしょうか？　パレート法則とは、簡単に言えば「2割の労力が8割の結果を生み出す」という考え方で、主にビジネスなどで利用されている理論です。これを受験勉強に当てはめて考えてみると、「2割の基礎知識が8割の点数を生み出す」ということになります。学校の先生や予備校の先生がよく「基礎の基礎が重要」と言っているのは、基礎の基礎さえ押さえてしまえば8割の点数は取れてしまうからにほかなりません。

実際に、英単語の暗記量を横軸、模試での得点を縦軸にとってグラフに表すと、次ページのような形になるはずです。これを見ると、英単語を覚えれば覚えるほど得点を取れる可能性は上がっていますが、その上がり幅は徐々に緩やかになっているのがわかりますね。これが何を意味するかというと、努力して英単語の暗記量を増やして点数を上げれば上げるほど、英単語の暗記で次の1点を取るのが難しくなっていくということです。

得点が上がる確率が低いのに、いつまでも英単語の勉強を続ける必要はありません。

ひとこと

英単語の重要意味さえ覚えれば、あとは「英語長文を読みながら、わからなかった単語は単語帳で復習する」くらいで問題ないです。

必要な英単語を覚えてしまったら、もっと効率良く点数が上げられる分野の勉強に切り替えるほうがずっと賢明なのです。

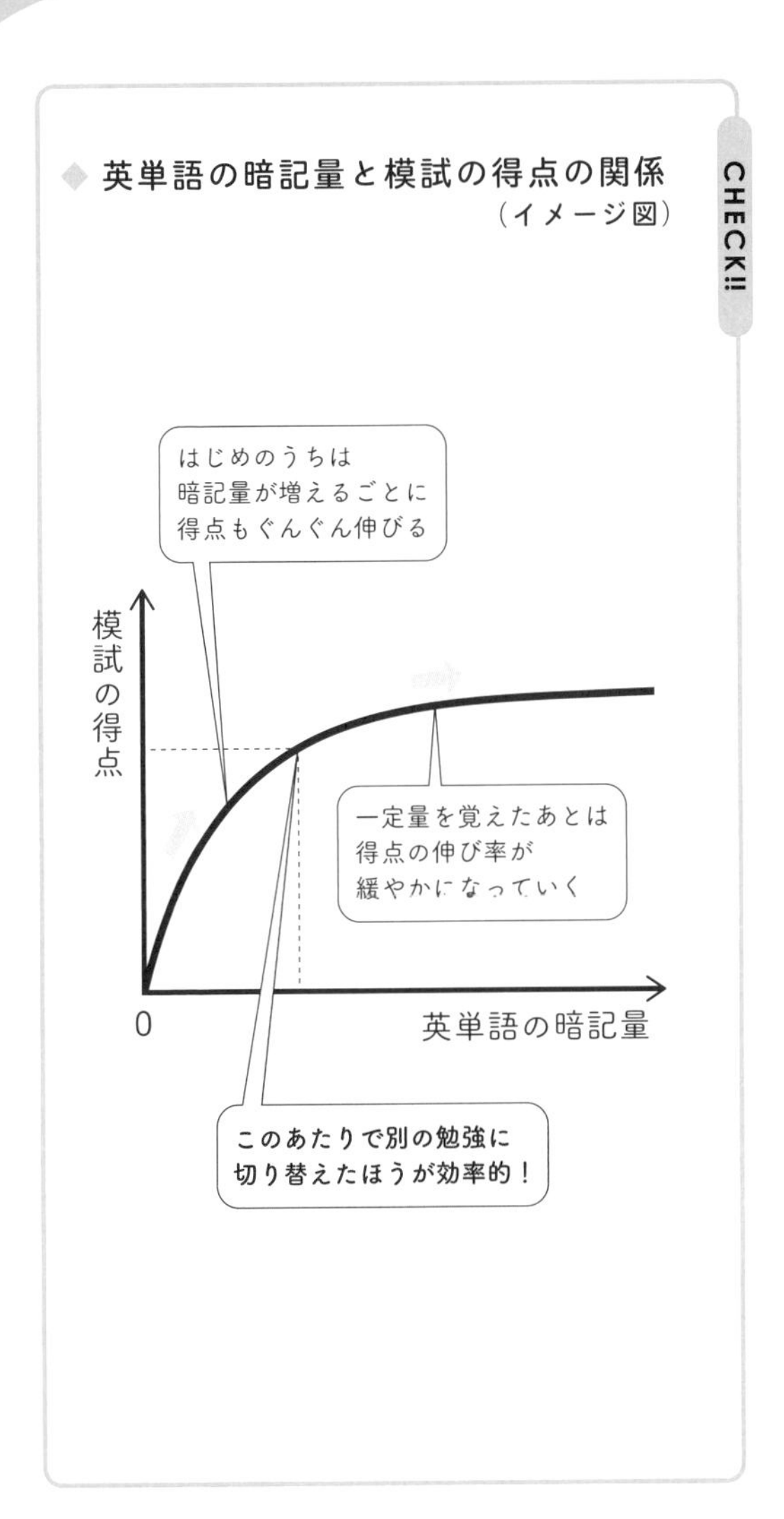

SECTION

③ つまずいたときはいつまでも自分で考えるな。

「勉強では考えることが重要だ。だから、問題の解き方がわからないときでも考え抜くことが重要だ!」と考えている人は落とし穴にハマりやすいです。考えることが重要であることは、もちろんその通りです。しかし、考えるためにはまず、考える素材を用意しなければいけません。受験勉強を始めたばかりの時期は、そもそも知識が足りない状態である場合がほとんどです。そんな状態でいつまでも考えたところで、それは考えているふりをしているだけに等しいといえます。これでは時間という貴重な資源を浪費しているようなものです。

これは、よく数学で起こりがちなミスです。つまずいたときは自分だけで考えすぎず、まずは素材を集めることです。考えるための素材集めとは、数学などでいえば定石問題をマスターすること、社会でいえば基本的な用語を暗記することです。**考える力を養うことは重要ですが、まずは考えるための素材集めに集中しましょう。**

共感の声

受験における最大の罪は誰もが解けるべき問題を解けないことだと思う。自分の場合、数学が他科目に比べて大きすぎる穴を作っていた。その穴を一念発起して埋めるのは時間対効果がもっとも高かった。

(E.M・東大・文科3類)

METHOD.2

「暗記しちゃえばいいや！」はダメ。「なぜ」を大切にしろ。

『なぜこうなるのか？』はわからないけど、とにかく暗記してしまおう！」というやり方で勉強する人がいますが、これはとても危険です。この癖をつけてしまうと、合格の可能性を大幅に下げてしまいます。なぜなら、大学受験の範囲は膨大なので、「とにかく覚えてしまおう！」という勉強法ではいずれ限界がくるからです。高校受験までは、このやり方でも点数が取れてしまうということがあったかもしれませんが、大学受験は違います。このやり方で勉強している人は、いまここで改めてください。

また、大学入試の場合、知識そのものを問うような問題はそれほど多くありません。知識と知識をうまく組み合わせる問題が多いのです。つまり、知識の丸暗記では入試問題は通用しないということなのです。

SECTION

①「なぜ」を大切にすれば、暗記が定着する。

とにかく暗記するという勉強法ではなく、「なぜ」を大切にしていく勉強法に切り替えていきましょう。「なぜ」を大切にする勉強法とは、新しい知識や新しい問題の解き方を学んだときに、「なぜ、そうなるのか?」「なぜ、この問題をこう解くのか?」と考えていく勉強法です。単純に知識や解法を暗記するのではなく、それらの「背景」や「因果関係」を考えていくということです。

「なぜ」を考えるのは、一見面倒で時間のかかるやり方のように思われますが、暗記の定着という観点からみると、丸暗記するよりずっと効率の良い勉強法です。前にも述べましたが、人間の脳は関連付けられるものは覚えやすく、関連付けられないものは覚えにくいという特性があるのです。

日常的な具体例で考えてみましょう。めったに連絡をしない知り合いに電話をすることになったとき、番号を調べたその瞬間は電話番号を覚えているでしょう。しかし、数日後にまたかけようとすると、覚えていない場合がほとんどです。これは丸暗記の状態だからです。一方、テレビＣＭやテレフォンショッピングで流れてくる電話番号は、いつの間にか覚えてしまい、なかなか忘れなかったりしますよね？ これは、それらの電話番号の多くにメロディーやゴロ合わせによる印象付けが行われているからです。単純な数字の羅列はすぐに忘れてしまいますが、ゴロという形で関連付けてしまえばいつまでも覚えていられるのです。

暗記の場合、その関連付けを行うのが「なぜ」なのです。もちろん、英単語の日本語訳のように「なぜ」を突き詰めていてはキリがないものもあります。しかし、多くの暗記は「なぜ」を理解することによって効率的なものになるのです。特に社会科目はこの暗記方法が有効です。世界史や日本史の知識の量は膨大です。丸暗記していては、いつか限界がきます。知識と知識を「なぜ」によって結びつけていきましょう。

SECTION

② 社会の論述問題では「なぜ」が問われる。

「なぜ」を大切にする勉強法は暗記を助けるだけではなく、入試問題を解くうえでも大いに役立ちます。社会や理科などで出てくる論述問題の多くが「なぜ」を問う問題だからです。

例えば、２０１６年の早稲田大学商学部の世界史では、「20世紀にアメリカと中国がどのように国交正常化していったのか、その経緯と背景について１００字以内で論述しなさい」という趣旨の問題が出題されました。こういった論述問題に対しては、単純に単語を暗記しているだけでは解けません。単語と単語を結びつけて説明する力が問われているので、「アメリカと中国が〇〇年に国交正常化した」などと暗記しているだけでは不十分なのです。

「なぜその出来事が起きたのか？」「なぜその出来事はその時代で重要な役割を担ったのか？」「なぜその出来事は〇〇という結果を生んだのか？」入試問題には「なぜ」があふれているのです。こういった問題に立ち向かうためには、普段から「なぜ」を大切にした勉強を進めていく必要があります。特に世界史や日本史を勉強する際は、すぐに暗記してしまおうと考えるのではなく、「なぜ」を考えつつ、出来事と出来事の関連性を見つけていってください。授業中は先生が黒板に書いた語句をメモするのに一生懸命になるのではなく、出来事が起こった原因と結果や、出来事の関連性に耳を傾けるようにしましょう。

COLUMN

東大生 200 人にアンケート❸

みんな高1から"ガリ勉"だった？

高校生のころの勉強時間を大調査

高1、高2のころ、勉強時間はどれくらいでしたか？

※単位は時間

	高1（平日）	高1（休日）	高2（平日）	高2（休日）
平均	1.36	2.23	1.87	2.88
最大	6	13	8	10
最低	0	0	0	0

勉強していない人が
全体の 20%以上もいました。

「どうせ高1のころからガリ勉だったんでしょ？」
「勉強以外のことをする時間なんてなかったでしょ？」
東大生はこんなことを聞かれがちですが、
本当のところはどうなんでしょう？
実際はまったく違う結果となりました。みんなそれほど長時間は勉強していません。それどころか、20％以上が高1、高2のころはまったく勉強していなかったということが明らかに。この結果からも、勉強は量ではなく、戦略が大事ということがわかると思います。
まだ勉強を始めていないという高校生のみなさん、
安心して高い目標を掲げてくださいね。

METHOD.3

やる気を出そうと頑張るな。東大生だってやる気はなかった!?

志望校の得点を分析し、しっかりとした学習計画を立てても、いざ始めてみると、やる気が出なくてなかなか勉強に集中できないということがあります。

このときにハマってしまう落とし穴が、**やる気がない自分が嫌になって、自分には勉強は向いていないのだとさらにやる気を失ってしまう**というものです。いわゆる、負のスパイラルというやつですね。

でも、やる気が出なくても不安になることはありません。そもそも、人間のやる気なんて、そう長続きはしないものです。やる気のないあなたはむしろ正常です。受験生時代にやる気満々で勉強をしていた人なんて、東大生にだってほとんどいません。かく言う私も「受験勉強なんて、面倒だ!」くらいにしか思っていませんでした。

ですから、「受験生なのにやる気が出ないなんて、自分は勉強に向いてないいんだ」などと考えて、焦ったり落ち込んだりする必要はないと心得てください。

ただし、これは「やる気がなくてもいい。やる気がないときは勉強しなくていい」と言っているわけではありません。

「やる気がなくてもいい。でも、第1志望校合格のためには勉強は必要なことだ。だから、やる気がなくてもやろう」と思うことが大切だということです。

SECTION ① 受験勉強なんて地味で陰気な作業だ。

ひとり机の前で、もくもくと勉強する。なんて地味で、なんて陰気な作業でしょう。華やかさのかけらもありません。

「世の中には勉強したくてもできない人がいる。受験勉強をしているだけで幸せだ」と言う人がいるかもしれません。たしかにその通りです。受験勉強をしているということは、勉強に費やす時間の余裕と勉強する環境が与えられているということであり、これは本当に幸せなことです。それは紛れもない事実なのですが……。

とはいえ、どうにもやる気が起きないというのも、また事実です。それが、受験勉強というものです。

しかし、考えてみれば、これは受験勉強に限ったことではないのかもしれません。野球だって、試合で活躍するという華やかさの裏には、筋トレや素振りなど、なんとも地味なトレーニングの積み重ねがあります。スーパープレーを軽々とやってのける野球選手も、もれなく地味で辛い練習を続けてきたのです。基礎トレーニングをやる気満々で行っている野球選手なんて、いったいどれくらいいるでしょうか？　試合と同じようなテンションで練習している選手はごくごく少数でしょう。でも、やっているのです。

成功者と呼ばれる人々は、その地味で陰気な作業を継続して行っているのです。

もうおわかりですね？　**やる気がなくても、やる**んです。「やる気がない＝才能がない」ではなく、「やる気はない。けれども、やる」。そう思うようにしてください。受験勉強開始直後なんて、わからないことだらけで、つまずくたびにやる気はなくなっていくものです。それでもやり続けられる人が、最後には勝つんです。

SECTION

② 地味な勉強を継続できる人、できない人。

勉強は地味だ！　けれども、やらなければならない。やらなくても勝手に頭が良くなるなんてことはない――これは当然のことですね。しかし、世の中にはこの当然の事実を理解し、地味な勉強を継続できる人と、理解はしていても継続できない人がいます。そう、続けられない人だって、これくらいのことはわかっているんです。でも、できない。これが人間というものだと思います。

継続できる人とできない人、その違いは何でしょう？　根性でしょうか？「継続できない人は根性なしだ。第1志望校に落ちてしまえ！」と片付けてしまっては、身も蓋もありません。私は、根本的な原因はそういった感情面にあるのではなく、むしろ逆算をできているのか、できていないのかに大きな差があると考えています。

地味な受験勉強を継続できる人は、その先に第1志望校の合格があるということをしっかりと見据えられているのです。いま、一生懸命に取り組んでいる勉強が、志望校の試験のどのような問題に役立つのか？　この勉強をしなければ、どの能力が身につかなくて、試験本番でどう困ってしまうのか？　もっと直接的に言うと、この地味な勉強をすることによって、自分はどれだけ点数を上げられるのか？　これらのことが、しっかりと意識できているのです。

勉強を継続できない人は、まず**地味な勉強の先にある未来を想像する**ことです。あなたが思い描く未来をつかむためにやらなければならないこととして、地味な勉強があるのです。

人からやれと言われた勉強はどうもやる気が出ませんよね。なぜ、宿題に対してやる気が出ないのか？　やれと言われただけで、何のために宿題をやらなければならないのか、自分で理解できていないからです。もしその宿題をやることで、志望校の入試問題を解くのに必要な能力が身につくのなら、「やってもいいかな」くらいの気持ちにはなるんじゃないでしょうか？

「未来にどうつながるのか」をイメージすることが、勉強を継続するためのポイントです。人は誰しも、地味なことを積極的にはやりたがりません。受験勉強なんてものは、特にやる気が湧かないものです。それでも、未来のためにはやらなければなりません。やる気がなくても、やり続ければ必要な能力を身につけることができるのです。

CHECK!!

◆やる気が出ないときは、コレを紙に書き出してみよう！

- [ ] なぜ、その勉強をしなければならないのか？
- [ ] その勉強をすることによって、どんな能力が身につくのか？
- [ ] その能力は、志望校の入試でどれくらい役に立つのか？
- [ ] その勉強をしないと、どれだけまわりの受験生に差をつけられてしまうのか？

SECTION

③ 勉強法を変えるな！変えていいのは、模試のときだけだ。

受験勉強は孤独な戦いです。常に、不安でいっぱいです。この勉強法であっているのか？ 自分はとても非効率な方法で勉強しているのではないのか？ 不安に思うのは決して悪いことではありません。自分の勉強法に満足してないということは、より効率を高めていく努力につながるので、その点ではとても良いことだと言えます。

しかし、**不安のあまり、使っている参考書や科目ごとの勉強時間の配分などをコロコロ変えてしまう人がいます。**しかし、これは、受験勉強開始直後に多くの受験生がハマってしまう落とし穴です。受験勉強開始直後は自分の勉強法に自信が持てません。当然です。まだ、その勉強法で「点数が上がった！」という成功体験をしていないからです。だから、不安で不安でたまらなくなり、勉強法を変更してしまうのです。この不安が解消されずに連鎖してしまい、毎週のように次々と新しい勉強法を試してしまう人もいます。

これはやってはいけないことの一つです。なぜかというと、その変更には根拠がないからです。ただなんとなく不安だからという感情に流されず、勉強法の変更には根拠を持ってください。根拠なく変更していては、すぐにまたそのやり方を変更する羽目になります。また、感情で変更していった場合、例えば、配点率が低い科目にどんどん勉強時間をかけてしまうなど、間違った方向に向かっていく可能性が高いです。

そこで、勉強法を変更する際の指標として、唯一と言ってもいいほど役に立つものが模試の結果です。模試の結果は、客観的な評価が出ます。**勉強法は模試の結果を見て変更していきましょう。むしろ、模試の結果が出るまではいまのやり方を信じる！**

そのつもりで計画を立て、勉強に臨みましょう。

SECTION

④「模試はまだ早い！」と思うな。月に1回は模試を受けろ。

自分はまだそんなに受験勉強を進められていないから。受験の全範囲を終えていないのに、いま受けても低い判定が出るだけだから。土日の勉強時間を確保したいから、いまはまだ。

こういった理由をつけて、模試をいつまでも受験しない人は、完全に落とし穴にハマっています。**現実を直視してください！ 自分の実力から目を背けてはいけません！** 一見もっともらしい理由をつけて、貴重な機会をみすみす逃すのはやめましょう。

勉強した努力がどれだけ自分の実力になっているのか、確かめる場が模試です。模試はアウトプットという意味でもとても有効です。採点官は、あなたの努力を評価してはくれません。採点官が評価するのはあなたの答案用紙、ただコレだけです。これは本番の入試も模試も同じです。普段、自分のアウトプットを客観的な視点から評価してもらう機会はなかなかないと思います。模試は答案用紙に表現したあなたのアウトプットを客観的に評価してもらう良い機会です。模試からは「どのように表現すれば自分のインプットが点数に変わるのか?」ということも学ぶことができます。

SECTION

⑤ 模試は現在位置を教えてくれる。

受験は「自分自身がどれだけ点数を取れるのか?」という勝負ではなく、「同じ大学・学部を受験した受験生の中でどの位置にいるのか?」で合否が決まります。定員よりも順位が高ければ合格できますし、定員よりも順位が低ければ不合格という結果が待ち受けています。受験者の中での順位は自分で勉強しているだけでは知ることはできません。その順位を知ることができる機会が模試なのです。自分と同じ大学を志望している受験生の中で、自分はいったいどの位置にいるのか? 定員よりもいい順位か? それともまだまだ定員に入るには程遠いのか? **模試はあなたの現在位置を教えてくれる**のです。

自分の現在位置を知ることによって、自分の勉強法が正しいかどうかを判断することができます。勉強法も論理で組み立ててはいますが、あくまで自分の論理で組み立ててしまっているものなので、適切であるのかどうかを模試の結果から得られたデータをもとに確かめるのです。自分の方向性が正しいのか？　正しくないのか？　間違った方向に進まないように、定期的に模試を受けてチェックしましょう。

CHECK!!

◆模試を受験するべき理由

- アウトプットを通して、自分の客観的な実力を知ることができる。
- 同じ志望校を目指す受験者たちの中で、自分の順位を知ることができる。
- 勉強法が正しいかどうかを検証することができる。

模試から逃げる

模試で自分と向き合う

SECTION

⑥ 最初は結果が出なくて当然。

そもそも最初のうちは結果が出なくて当然です。基礎となる知識を定着させ、たくさんの「点」を作っていく。それらがいつかつながって「線」となり、初めて成果が出てくるのです。入試や入試を意識して作られる模試では、各科目の基礎を少し覚えただけで点数を取れるような問題はあまり出てきません。入試でよく出てくる基礎知識を全体的に覚えて初めて得点できるようになっています。ですから、結果を出すにはある程度の継続が必要です。勉強法が正しいものであれば、受験の基礎知識をおおかたマスターした後に大きく得点が伸びるはずです。

受験勉強を始めてすぐは結果が出ないかもしれません。しかし、その努力の積み重ねがある一定ラインを越えると大きく点数が上がりますので、「最初は結果が出なくて当然」と割りきって目の前の勉強に集中してください。

共感の声

「何となく」で時間を浪費するのではなく、「何のため」に時間を使っているのかを意識するだけで、やる気が出て、劇的に効率が変わると思う。
（竹尾俊邦・東大・文科2類）

METHOD.4

点数の伸びやすい暗記科目に走るな！まずは英数から対策せよ。

どの科目から勉強に取りかかるべきか？　受験生のみなさんは悩むところでしょう。私は迷わず次の2科目をおすすめします。英語と数学です。まずは、この2科目から手をつけるべきです。理由は次の二つです。

CHECK!!

◆なぜ英数から勉強を始めるのか？

❶勉強の成果が出るまでに時間がかかる。

❷配点が大きい。

一般的に、理系の受験生は理科を、文系の受験生は社会を勉強したがる傾向にあります。

その理由はよくわかります。英語や数学に比べて社会や理科のほうが、努力がすぐに得点に反映されるからです。

特に、社会は暗記さえすれば目に見えて得点が上がります。暗記した項目が試験に出れば、それがそのまま得点に直結するからです。理科も物理以外はその特性があります。いわゆる暗記科目と呼ばれるものは、努力が報われやすく、成果をすぐに実感できる科目なのです。一方、英語と数学は努力が報われるまでに時間のかかる科目です。たくさんの下地を作ってゆき、それらがつながったときに初めて成果のあらわれる科目なのです。

受験生が最初に社会や理科に逃げたがるのはそのためです。これはまさしく落とし穴です。

いいですか？　英語と数学は成果が出るのに時間がかかる科目だからこそ、早くから取りかかり、大きな強みとするのが賢明なのです。成果が出るのに時間がかかる科目を後回しにして受験勉強の後半にようやく手をつけ始めるようでは、試験本番に間

ひとこと

実際、英語と数学を「3年の夏前までに固めきれた」生徒の合格率は高く、そうでない生徒は最後まで英数の点が上がらず苦戦していますね…。

に合わない可能性すらあります。英語と数学は配点が高い科目でもありますから、そのようなリスクは絶対に避けなくてはいけません。

つまり、時間をかけるべき科目は英語と数学なのですから、受験勉強開始直後から本腰を入れて勉強時間をさかなければ、まわりに大きな差をつけられてしまうということです。

SECTION ① 合格を決めるのは、英・数だ。

強く認識してください。**合否の決め手となるのは、あくまでも英語と数学です。社会や理科は合格を決めてくれる科目ではありません。**社会ができなくても、英語が得意であれば合格できることはありますが、その逆は困難です。たとえ社会がものすごく得意であっても、英語が苦手では合格できない場合がほとんどです。

次のページの具体例でみても、合計得点がもっとも高くなるのは、英語で9割取れているケース2の場合です。合格するためには、科目配点の高い英語で高得点を取ることが重要であることがわかりますね。

CHECK!!

◆早稲田大学商学部（地歴・公民型）の場合

科目	配点	
国語	60点満点	
英語	80点満点	合計　200点満点
社会	60点満点	

ケース1

科目	得点	
国語	7割…42点	
英語	3割…24点	合計　120点
社会	9割…54点	

ケース2

科目	得点	
国語	7割…42点	
英語	9割…72点	合計　132点
社会	3割…18点	

ケース3

科目	得点	
国語	8割…48点	
英語	4割…32点	合計　128点
社会	8割…48点	

SECTION

② いまは歴史オタクになるな。

第1章でも触れましたが、**「世界史・日本史が好き！」という人は注意が必要**です。世界史や日本史は決して合否を決めてくれる科目ではありません。世界史や日本史が好きな人は勉強時間を際限なく歴史の勉強に使ってしまいがちです。「えっ！　そんなことまで知ってるの？」という言葉が何よりもうれしいのです。これに酔ってしまうと、受験勉強に必要のない細かいエピソードまでどんどん覚えてしまいます。幅広く教養を身につけようとするその姿勢はすばらしいのですが、でもやはり、受験勉強においてはこれをやってはいけません。

受験勉強は教養を身につけるためのものではなく、第1志望校に合格するためのものなのです。この点をはき違えないようにしましょう。「教養は時間に余裕がある人にだけ許される贅沢(ぜいたく)なもの」という認識を持ち、まずは点数を取ることに貪欲(どんよく)になってください。

SECTION

③ 得点が伸びやすいという罠。

暗記科目は得点が伸びやすいということは先ほど説明しましたが、暗記科目の得点の伸び率は、ひと通りの最重要項目を覚え終わった後から、徐々に下がっていきます（詳しくは、56・57ページを参照）。また、勉強を開始してすぐに得点が伸びやすいという社会科目のメリットはあなただけの特権ではなく、すべての受験生に共通して言えることです。つまり、得点が伸びやすい＝他の受験生からも追いつかれやすい、ということです。だからこそ、社会や理科といった科目は後半戦で一気に学習すべきなのです。

CHECK!!

◆受験の鉄則

英語・数学 ⬇ 社会・理科という順番で勉強する。

共感の声

受験は合否がすべてなので、「良い答案」を作ることが大切。教養として知っておかなければいけないこともあるかもしれないが、受験に関しては、試験に出そうなことを覚えるほうが良い。

（簑島雅俊・東大・文科２類）

METHOD.5

学校の宿題すべてを全力ではやるな。全力でやるものを絞れ。

時間には限りがあります。受験勉強の時間は本当にわずかしかありません。そのわずかしかない時間を無駄なものに費やしてはいけません。ここでは、**「受験勉強に必要でない学校の宿題に関しては、少々手を抜いてもいい」**ということを提唱していきます。ただ、誤解しないでください。すべての宿題が無駄だから手を抜けと言っているのではありませんよ。学校の宿題には受験勉強としてとても役に立つものもあります。例えば、数学の授業の復習問題や古典文法の練習問題などは、基礎力や応用力を身につけるために有益な宿題です。しかし、残念ながら学校の宿題には受験勉強に役に立たないものも少なくないのです。**真面目な生徒ほど学校の宿題や課題をすべて全力でやってしまいがちですが、それは受験勉強においては不合格につながる落とし穴**

です。学校の宿題ばかりに時間をかけてしまって、本来やるべき受験勉強になかなか手をつけられない。こんな状況に陥ってしまってはいけません。

自分の志望校合格に役に立つと思う宿題だけを全力でやり、あまり役に立たないと思うものは許される程度に手を抜いて、要領良くやっていきましょう。

CHECK!!

◆**こんな宿題は受験には必要ない。出されたら、全力ではやるな**

英語
- 教科書の例文を写す宿題
- 単語リストの意味を調べる宿題
- 日本語訳を写す宿題

数学
- 公式の穴埋めシート
- 間違えた問題の解答・解説を丸写しする宿題

国語
- 評論や小説を音読する宿題

読書感想文を書く宿題

社会

予習でプリントの穴埋めをする宿題

時事に関する意見文を書く宿題

理科

公式を丸暗記する宿題

自分自身で実験を行い、レポートにまとめる宿題

SECTION

① "要領の良い子"になろう。目標に対して素直になれ。

真面目にコツコツ努力をしていても報われない受験生がいます。定期テストでは良い点数が取れるのに、なぜか模試では点数が取れない。授業中に一生懸命ノートを取っているのに、なぜか授業中いつも寝ている子に模試では勝てない。宿題を毎日欠かさずやっているのに、なぜか点数が伸びない。

そういう、真面目なのに報われない受験生というのは、どこの学校にも少なからずいます。

なぜ、真面目にやっているのに報われないのか？　それは優先順位をつけられていないからです。

「すべてを完璧にしなければならない！」というのは勘違いだと、これまでにも説明してきましたね。受験勉強ですべての科目を完璧にしなければならないということはないのです。例えば、東大生というと全科目が完璧にできる人というイメージを持たれがちですが、東大入試でも、二次試験で取らなければならない得点は全体の6割ほどです。

もし、英語で満点を取ってしまえば、他が4割ぐらいの点数でも合格できます。4割ぐらいの点数を取るのはそれほど難しいことではありません。

受験に完璧さは不要です。優先順位をつけましょう。その宿題は本当に志望校合格のために優先順位が高いものですか？　それをやることによって、志望校合格を勝ち取る力はつきますか？

真面目な人には難しいかもしれませんが、**もし、やる必要がないと判断したなら、**

少し"要領の良い子"になって手を抜きましょう。何かを捨てて、何かを得るのが目標達成です。もっともっと目標に対して素直になりましょう。いま、何よりも優先させるべきことは志望校に合格することです。志望校合格にとって優先順位が高いものに徹底的にこだわって勉強しましょう。

受験勉強の残り時間を考えたとき、受験勉強に必要のない学校の宿題にまで、どうしても時間をさくことができないという場合があります。そのときは、学校の先生に宿題をやらない理由を説明するというのも一つの手かもしれません。自分自身の第1志望校への想い。第1志望校に合格するためにどのような勉強計画を立てているのか。その勉強計画から考えたとき、受験に必要のない学校の宿題をやる時間がないこと。これらを論理的に説明して、理解・納得してもらえそうな先生なら、先生に話してみることも選択肢の一つとして考えてもいいでしょう。

共感の声

効率的な勉強法を選択したうえで「頑張っている」のならばよい。しかし、親や先生や塾講師に言われたことをひたすらこなすことで、自分は「頑張っている」と思うのは要注意だと思う。
（M.K・東大・文科2類）

METHOD.6

「学校は使えない」は言い訳。どう活用するのか考えよ。

「学校の授業が全然役に立たない」といった不満をもらす受験生が多くいます。その気持ちもわからなくはないのですが、そういう人に限って「予備校信者」だったりする印象があります。「予備校の言っていることを信じていれば、かならず志望校に合格できる」と信じている受験生たちです。しかし、予備校も学校も手段のうちの一つにすぎないということを忘れないでください。学校の先生から言われたことをやっていれば大丈夫！　予備校の先生が言っていることは間違いないから大丈夫！　そんなふうに一つの手段を盲信してはいけません。

手段はあくまで、目的を達成するために活用するものです。「学校は使えない」それはあなたが学校のうまい活用の仕方を見つけられていないだけです。学校も志望校合格のためにとても役に立ってくれる場所ですから、しっかり活用していくべきです。
ここでは、学校の上手な活用の仕方について考えていきましょう。

SECTION
① 毎日の7時間をどう活用するか。

あなたが高校に通っている限り、朝8時半頃には登校し、15時半くらいまでは学校にいなければなりません。毎日、7時間は学校にいなければならないということです。高校に通い続ける限り、その事実は変わりません。この事実が変わらない限り、「学校は使えない」などと不満を言っていても何も得することはありません。それよりも「学校にいる7時間をどう活用するのか？」ということを考えたほうが、よっぽどプラスになります。

簡単にですが、学校を上手に活用する考え方をいくつか挙げてみました。これを参考にして、学校とも上手につき合っていきましょう。

CHECK!!

◆学校を上手に活用する考え方
- 数学や理科など、参考書だけでは理解しづらい部分の考え方を教えてもらう場だと捉える。
- 過去問や問題演習用のプリントを調達する場だと捉える。
- 英語の文法や古文の文法などの基礎を確認する場だと捉える。
- 自主学習でわからなかった問題を先生に質問する場だと捉える。
- 友達と話したりして、息抜きができる場だと捉える。

× 何も工夫せずに「学校が受験に役立たない」と嘆く

○ 学校のうまい活用の仕方を考え、時間を有効に使う

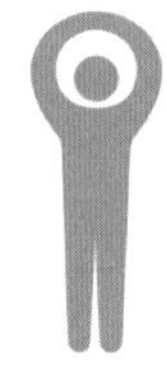

共感の声

学校は勉強それ自体だけではなく、勉強のスピードや受験情報などを知ることができる場でもあるので重要だと思う。
（横山誠宏・東大・工学部）

METHOD.7

自分のまとめノートは作るな！参考書を買おう。

「さあ、受験勉強を始めよう！　まずはきれいで見やすいまとめノートを作るぞ！」そう思ったあなた。また落とし穴にハマっていますよ。これも、無駄の多い勉強法のうちの一つです。

SECTION

①「東大生のノートは美しい」は大ウソだ。

俗に言われる、「東大生のノートは美しい」という説は、私の知る限り誤りです。**東大生のノートは美しくありません。**それどころか、私のまわりにはノートをとらない人も多いです。なぜか？　それは受験勉強において美しいノートを作る必要がないからです。

考えてみてください。どうすれば点数を取ることができるのか？ 答えは簡単です。点数を取るための能力を身につけ、答案用紙に表現することです。点数を取るための能力を身につけるためにすべきことは、頭を使って理解し、知識を暗記することです。きれいなノートを作ることは、点数を取ることに直結しません。

きれいなノートを作ろうとすると、どうしてもビジュアル面に脳を使ってしまい、本来大切であるはずの「理解する」という内容面に集中できなくなります。**点数を上げるためには、理解と暗記が重要**なのです。ノートをとること、もしくはまとめノートを作ることは、勉強している気分を味わうには良い手段ですが、それだけでは点数には結びつきません。ノートをとった後に、何度も見直して理解してこそ、初めて勉強したことになります。いわば、ノートをとること、きれいなまとめノートを作ることは、勉強の準備の段階にすぎないのです。

準備に時間をかけるのはもったいないことです。受験勉強の時間は限られています。サボれるところはサボりましょう。きれいなノートをとるぐらいなら参考書を買ってしまったほうが効率的です。あなたのノートよりもきっときれいなデザインで、あな

ひとこと　どうしてもまとめたい、という人は「教科書やノート式参考書の余白に流れをどんどん書き込む」やり方がおすすめ。ただし、くれぐれも「きれいに」書こうとしないこと。

たのノートよりも正しく入試範囲を網羅したものを手に入れることができます。

ノートを作ると、「自分の頭の中でまとめられるから理解が進む」という考えがあるかもしれません。その考えは間違ってはいません。たしかに、ノートを作ると頭の中の整理ができます。しかし、**ノートを作るやり方は時間がかかりすぎます**。時間がたっぷりある人にとっては、頭の整理をするためにきれいなノートを作るというやり方は正しい勉強法でしょう。ですが、**受験勉強における時間は限られています。時間がかかりすぎることは、「勉強」としては正しくても、「受験勉強」としては正しくありません。**あなたには、もっと短い時間で効率的に知識を整理するやり方があるはずです。例えば、市販の書き込みノート式の参考書を買って穴埋めをしたり、教科書を通読したりする勉強法です。

世界史・日本史や、古文・漢文などは、特にノート式の参考書を使うことをおすすめします。次のページに代表的なものを挙げておきます。

ノート式の参考書推奨の3科目

世界史

日本史

古文・漢文

CHECK!!

◆書き込みノート式参考書の例

世界史

『詳説 世界史ノート』(山川出版)
『書きこみノート 世界史』(学研)

日本史

『詳説 日本史ノート』(山川出版)
『書きこみノート 日本史』(学研)

古文

『ステップアップノート30 古典文法基礎ドリル』(河合出版)
『基礎からのジャンプアップノート 古典文法・演習ドリル』(旺文社)
『書きこみノート 古典文法』(学研)

漢文

『新・漢文の基本ノート──句形演習』(日栄社)
『書きこみノート 漢文句形』(学研)

SECTION

② 板書は丸写しするな。授業は理解する場所だ。

授業中、しっかりと頭を使っているでしょうか。かなり多くの受験生が授業の意味をはき違えています。これは重要なことなので、しっかりと覚えておいてください。断言します。**授業はノートをとる場所ではありません。習っていることを「理解」する場所です。それなのに、多くの受験生がノートをとることに一生懸命になっています。**

黒板に書かれた文字をノートにきっちり写すことに一杯一杯になっているようではダメです。「とりあえずノートをとっておいて、後で復習をしよう」と、理解もしていない文字の羅列や数式の羅列を一生懸命にノートに写す。これもダメです。極論、ノートなんて誰かがとったものをコピーさせてもらえばいいのです。

授業では、授業でしかできないことに意識を集中しましょう。それは、**先生の話を理解すること**です。どのような考え方をもって問題に取り組み、最終的にどう解けばいいのか？　なぜその解き方をするのか？　授業でもっとも重要なのは、これらを理解することです。板書は、授業を断片的に書きとめたものにすぎません。板書を写したノートは、復習するときに授業を思い出すきっかけを与えてはくれますが、そもそも授業を理解していなかったら意味がないのです。

CHECK!!

◆授業はここに注意して聞け！

問題解説の授業の場合

- どういった流れで解いていくといちばんスムーズなのか？
- なぜ、その解き方がベストなのか？
- なぜ、その解き方を思いついたのか？
- 自分だけでは思いつけない解き方はないか？

知識を解説する授業の場合

- 知識と知識がどう関連しているのか？
- 語句だけではなく、語句に付随する意味はないか？

共感の声

きれいなノートを作るのは労力がかかる割に、その作業過程で頭に入る内容が決して多いわけではない。自分がわかる程度のノートで十分だと思う。
（R.S・東大・理科２類）

METHOD.8

学校の先生には、勉強のやり方よりも科目の内容について質問しよう。

学校の先生には、「聞いたほうがいいこと」と「聞かないほうがいいこと」があります。**先生には、その先生の担当科目の問題に関する質問をしましょう。しかし、勉強のやり方を相談してはいけません。**

もし、学校の先生に勉強のやり方を尋ねたとすれば、先生は「担当科目の内容を完璧に習得する」ための方法を説明してくれるはずです。ところが、既に述べたように、受験勉強においては、一つの科目で満点を狙うような戦略を立てるべきではないのです。「科目ごとの配点率に応じて、正しい勉強時間を割り振る」のが正しい戦略でしたね。

学校や予備校の先生に勉強のやり方について相談してしまうと、その先生の担当科目では良い点数を取れるようになるかもしれません。ところが、それをしてしまうと、当然その科目に必要以上に多くの時間をかけてしまうことになります。その結果、他の科目の点数が伸びずに不合格……となってしまいかねません。それは避けなければいけません。くどいようですが、受験は「総合力」が物を言います。各科目で満点を取る必要はありません。満点を狙うような勉強法は一つの科目に時間をかけすぎてしまい、とても非効率なのです。

学校や予備校の先生には、その科目の問題に関する質問や記述式問題の添削をお願いしましょう。どうしても勉強のやり方を質問したいのであれば、せめて**その科目の目標点数を伝える**ようにしましょう。そのうえで、「目標点数を取るための受験勉強のやり方」を尋ねてみるのが良いでしょう。

× 学校の先生に、担当科目の勉強方針の相談をする

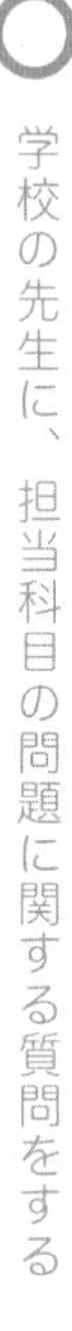
○ 学校の先生に、担当科目の問題に関する質問をする

METHOD.9 受験勉強の中盤から入試直前にかけて気をつけるべき落とし穴。

さて、いよいよ第2章の最後のMETHODです。ここでは特に、受験勉強の中盤から入試直前にかけて気をつけるべきことを、まとめて一気に押さえていきます。

SECTION ① 「努力したやつが偉い！」という病にかかるな。

受験勉強の中盤にハマる最大の落とし穴。それは、努力している自分に酔ってしまうことです。

大学入試では、あなたがどんなに努力したか、どんなに頑張ったかを評価してはくれません。採点官はあなたの答案用紙だけをみて、あなたの点数を決めます。評価されるのは、努力をした人ではなく努力を点数という成果につなげられた人です。裏を返せば、たとえ他の受験生よりも勉強時間が少なかったとしても、点数という成果さえ出せば評価されるということです。

「毎日3時間の勉強で第1志望校に合格できた！」という人と「毎日13時間、鬼のように努力したけど第1志望校に合格できなかった」という人との差は**「努力の質」**にあります。

努力している自分が、それだけで偉いと思ってしまうと、努力の質を改善しようという方向に頭を使わなくなります。もちろん努力の量を増やすことは重要なことです。ですが、それと同時に努力の質も改善することを忘れないでください。

日本にはどうしても、「努力＝美徳」という風潮がありますが、受験においてその認識は捨てるべきです。点数につながらない努力は一切評価されません。

努力したがる人は、実は努力の質を上げる工夫をサボっています。机に座って勉強をするという単純作業に逃げています。その努力を「どうしたらもっと効率良く点数を取れるのか？」という方向にも向けてみてください。

ひとこと
一見すると厳しい言い方に映りますが、実際できていない人が多いのも事実です。「どうせ同じ時間頑張って勉強するなら、正しいやり方で努力しよう」と思ってみてください！

SECTION

② 努力は結果を出すための手段にすぎない。

僕の好きな「努力の名言」をここでいくつか紹介したいと思います。

・正しい方向で正しい場所で、十分な量をなされた努力は報われる。　林修
・練習は嘘をつかないって言葉があるけど、頭を使って練習しないと普通に嘘つくよ。　ダルビッシュ有
・努力は必ず報われる。もし報われない努力があるならば、それはまだ努力と呼べない。　王貞治
・努力することは最高の習慣だが、努力することは最悪の目的だ。　不明

どの名言も、努力するだけではなく、その努力を結果につなげるために工夫していくことが大切だと教えてくれています。

SECTION

③ 入試直前に新しい参考書に手をつけるな。

入試直前、試験本番に対する不安はピークを迎えます。試験本番で自分の力を出しきれるだろうか？　自分の苦手な分野の問題が出てきたらどうしよう？　そんな不安から「苦手な分野の勉強をしなきゃ！」と焦って、**新しい参考書に手を出してしまう人がいます。これは入試直前期にいちばんハマってはいけない落とし穴**です。

正直、直前期に新しい参考書に手を出しても、その知識を身につけることは難しいでしょう。前にもお話しした通り、試験会場ではアウトプットが求められます。答案用紙に自分の知識を表現するところまでやりきらなくては意味がありません。直前期に新しい参考書に手をつけても、そこまでやりきることができないのです。直前期には、新しいものに手を出すのは避け、いままで勉強してきたことを最終チェックするイメージで学習を進めていきましょう。

CHECK!!

◆入試直前期で集中すべきこと

- □いままで勉強してきた問題集で、何度も間違えたところをもう一度解く。
- □いままで使ってきた参考書で、苦手だと思っているところを読み返す。
- □過去問演習を繰り返す。
- □過去問演習で間違えた問題をもう一度解き直す。

SECTION

④ 試験会場に一度も行ったことがないのは危ない。

直前期でもっとも意識すべきことは、「試験当日にいかにして実力を出しきるか？」です。受験本番で点数を取るためには、実力があるだけでは足りません。

CHECK!!

本番での点数＝（実力）×（実力を点数に替える力）

受験勉強を始めてから直前期になるまでにしてきた勉強は、「実力」を上げるための勉強です。実力がないことには絶対に点数を取ることはできませんから、実力を上げる勉強は必須です。しかし、**受験直前になってくると「実力を点数に替える力」を伸ばしていくことが重要**になってきます。

試験本番では緊張してしまって、100%の実力を出しきれないものです。いくら模試で慣れたとはいえ、やはり本番は模試とは緊張のレベルがまったく違います。その張りつめた精神状態の中で、どれだけ実力を出せるのか。本番で実力を出しきるためには、精神的な準備を進めていくことが重要になります。

そのためには、不安要素はできるだけ取り除いておくことが必要です。ですから、試験会場の下見はしておいてください。試験当日に初めて試験会場に行くとなると、会場にたどり着くまでに余計なストレスを抱えてしまいます。そんな些細(ささい)なことで「実力を点数に替える力」が落ちてしまっては、もったいないですよね。「実力を点数に替える力」を70%から80%に、80%から90%に上げていくことが、試験直前の準備として重要になってくるのです。

SECTION

⑤ 試験当日の綿密なリハーサルをせよ。

試験当日は何時に起きるのか？ 何を持っていけばいいのか？ 家を出る時間は？ これらの綿密なリハーサルをするようにしてください。これも、試験本番で余計なストレスを抱えず、実力を出しきるために必要な準備です。できるなら、試験当日と同じスケジュールで一度リハーサルをしておくといいでしょう。ただ、これはかなり時間を取ってしまいますし、距離的な問題で誰もができるわけではないので、その場合は頭の中でイメージトレーニングしておくことをおすすめします。

また、**「試験本番で、問題を思うように解けなくて焦ったときにどうするのか？」というイメージトレーニングはかならずしておきましょう。**試験本番で焦ることがあっても、事前にイメージトレーニングしておけば、いくらか気持ちが楽になるはずです。**直前期、実力を急激に伸ばすことは現実的に難しいですが、実力を出しきる力を一気に伸ばすことはできます。**「本番でこんなことが起きたらどう対応しよう？」と、できるだけ多く、できるだけ詳細にイメージトレーニングを重ねていきましょう。

SECTION

⑥ 問題用紙の余白をどう活用するのか、作戦を立てよ。

紙に文字を書くことは、思考を整理するうえでとても重要です。試験問題を解くためには、頭の中だけでは対応しきれない情報量を整理していく必要がありますから、メモを取りつつ問題を解くことになります。このとき、おそらく問題用紙の余白を使うと思うのですが、この余白の使い方もあらかじめ考えておきましょう。「そんなことまで考える必要があるの？」と思うかもしれませんが、**「余白をどう使うのか？」を考えることはかなり重要**です。大きな文字でメモをとると、余白が足りなくなってしまうこともありますし、乱雑すぎる文字だと、自分で読めなくなって混乱してしまうということも起こり得るのです。こうした心配も試験本番までにしっかりと潰しておき、「実力を点数に替える力」をできるだけ伸ばしておきましょう。

＊　＊　＊

これで第2章は終了です。受験勉強に不安はつきものですが、特に開始直後は自分の勉強法に自信が持てず、不安が募るものです。何事もはじめが肝心です。この章を読んで一つ一つ不安を潰してゆき、入試本番に向けてしっかり備えてください。

Summary

第2章で学んだ勉強の落とし穴

1. 最初から全部を暗記しようと思ってしまう。
2. つまずいたときに、いつまでも自分だけで考えてしまう。
3. やる気がない自分が嫌になって落ち込んでしまう。
4. 勉強法をコロコロ変えてしまう。
5. 点数の伸びやすい暗記科目から受験勉強を始めてしまう。
6. 学校の宿題をすべて全力で取り組んでしまう。
7. 「学校は使えない」と決めつけてしまう。
8. きれいなノートを作ることに力を注いでいる。
9. 努力している自分に満足している。
10. 入試直前に新しい参考書に手をつけてしまう。

Summary

第２章で学んだ勉強の戦略

1. どの教科でもまずは簡単なところだけを押さえて記憶の軸を作る。
2. ２割の基礎知識で受験の８割を攻略する。
3. 基本的な用語や定石問題など、考える素材を調達する。
4. 丸暗記はしない。「なぜ」を考えつつ暗記する。
5. やる気が出ないときは、その勉強をやることの意味を考える。
6. 「最初は結果が出なくて当然」と思って、受験勉強を開始する。
7. 受験勉強は英語・数学から始める。社会・理科は後回し。
8. 先生には勉強のやり方ではなく科目の内容について質問する。
9. 努力の質を上げることを考える。
10. 入試直前期になったら、「実力を点数に替える力」を伸ばすよう心がける。

3
CHAPTER.

科目別の戦略的攻略法

METHOD.1

「英語」の戦略的攻略法はこれだ！

SECTION

① 受験英語と学校の勉強はココが違う！

「学校の英語」と「受験英語」の最大の違いは、学校の英語が**精読を重視**するのに対し、受験英語が**速読を重視**する傾向にあるということです。精読とは、一つ一つの文章の構造を読み解き、文と文のつながりやその文章の真意などを探っていくものです。学校の定期テストでは授業で既にじっくりとみてきた英文が出題され、「授業の内容をしっかりと聞いていたのか」を試されます。すなわち、学校の定期テストで求められているのは、読んだことのある英文をしっかりと理解していることなのです。

一方、受験英語の場合、試験で出題される問題は、あなたが初めて読む英文です。

そして、初めて読むにもかかわらず、試験時間に対して、多くの長文が課されます。じっくりと読んでいたのではとてもではありませんが、時間が足りません。速読が求められているのです。

SECTION
② 受験英語の全体像を把握する。

全体像と学習手順

1 英単語 & 2 英文法 ⬇ 3 英文解釈 ⬇ 4 長文読解
⇩ 5 和文英訳 ⇩ 6 自由英作文 ⇩ 7 リスニング

※5・6・7については、かならずしも全員がやる必要はありません。第1志望校の受験に必要な場合にのみ、対策しましょう。

英語の勉強は、まず「**英単語**」「**英文法**」の学習から始め、次に「**英文解釈**」へと進んでいきます。なぜこの順番で勉強を進めていくべきなのか、まず説明します。

受験英語でもっとも大きな配点を与えられているのは、多くの場合、「長文」です。

「受験英語のゴールは長文を速く正確に読めるようになること」といっても過言ではありません。ならば、長文の勉強を早く始めたいというのが受験生の心情だと思いますが、長文読解の勉強から始めてしまうと、かえって余計な時間がかかってしまうのです。長文は一文一文の英文の固まりです。一文一文をきちんと読めるようにならなければ、長文は読めないということになります。ですから、一文一文を正確に読めるようになるため、**長文読解の前に「英文解釈」の勉強をする必要がある**のです。

英文解釈とは英文の構造を分析し、「精読」することです。英文の構造を分析するためには、英単語・英熟語や、文法・構文の知識を総動員することになります。ですから、**英文解釈の勉強をする前に単語と文法の勉強をひと通りやってしまう**ことが大切なのです。

そして、なぜ「**リスニング**」が最後にきているかについてです。ここで重要なのは、「**読めないものは聞けない**」**という原則**です。リスニングは、音声として流れた英文を頭の中で読解していく問題です。そもそもの読解力がなければ、耳だけ訓練してもあまり意味はないのです。

SECTION

③ 英文法は二段階でマスターする。

英文法は二段階で学習を進めます。第一段階では、❶**英文法の概略を理解**します。そして、第二段階では、❷**英文法を網羅的に理解**します。

❶では、「時制」や「助動詞」や「比較」のような、基本文法をひと通り学び、英文法の概略を理解していきます。これらの文法を押さえていないと、英文は読めませんし、和訳問題をはじめ、あらゆる英語の問題が解けません。

❷では、長文読解に加え、「空所補充」や「整序問題」などの文法問題にも対応できる力を養うために英文法を網羅的に理解します。文法問題では、基本文法も出題されますが、近年はそれ以上に「語法」や「慣用表現」「語彙（ごい）」などの出題が目立ちます。これらの問題に対応するためには、いわゆる「ネクステ系」の参考書が有効です（ネクステ系とは『Next Stage（ネクステージ） 英文法・語法』（桐原書店）に代表される形式の参考書の通称）。

SECTION

④ 英作文には二つの英作文がある。

「**英作文**」には、大きく分けて、二つの英作文が存在します。❶**与えられた日本語を英語にする**「**和文英訳**」と、❷**与えられたテーマに対して自分の意見などを書く**「**自由英作文**」です。自分の志望校でどちらが出題されるのかによって、対策すべき内容が変わってきますので、まずは志望校の過去問をチェックすることが重要です。

◆英単語の勉強法

目安とする勉強時間：80時間
ベストな勉強の時期：高校1年生・2年生

おすすめの教材

基礎レベル

『英単語ターゲット1400』（旺文社）

共通テストレベル　MARCHレベル　旧帝大レベル

『英単語ターゲット1900』（旺文社）

『ランク順 入試英単語2300』（学研）

早慶レベル

『ランク順 入試英単語2300』（学研）

『単語王2202』（オー・メソッド出版）

勉強の手順

はじめから派生語や関連語、用法について目を通す必要はありません。まずはどの英単語を覚えるべきなのかを知るぐらいの気持ちで、単語帳を1周しましょう。ポイントは**1周するのにあまり時間をかけすぎないこと**です。わからない英単語があったらすぐに意味を確認しましょう。そして、かならず直後に**赤シートなどを使ってテスト**を行います。1周目に時間をかけてはいけない理由は、**記憶の定着度は**

「暗記にかけた時間」ではなく「反復した回数」に比例するからです。3周目まで終えたころには、ほぼすべての単語の意味が定着するようになっているはずです。4周目以降は、派生語や関連語、用法についても暗記をしていきます。英単語の学習は、回数を重ねるほど楽になっていくので、1周目が最大の山場といえます。

CHECK!!

- 1周目で覚えるべきは、赤字の最重要項目だけ。
- テストを繰り返しながら単語帳を進めて記憶を定着させる。

◆英文法の勉強法

目安とする勉強時間：200時間
ベストな勉強の時期：高校1年生・2年生

おすすめの教材

❶英文法の概略を理解

「スタディサプリ 高2 スタンダードレベル英語〈文法編〉」（リクルート）
「スタディサプリ 高3 スタンダードレベル英語〈文法編〉」（リクルート）
『成川の「なぜ」がわかる英文法の授業』（学研）
『大岩のいちばんはじめの英文法【超基礎文法編】』（東進ブックス）

❷英文法を網羅的に理解

基礎レベル 共通テストレベル

『入門英文法問題精講』（旺文社）

MARCHレベル 早慶レベル 旧帝大レベル

『Next Stage 英文法・語法問題』（桐原書店）
『Vintage―英文法・語法』（いいずな書店）
『スクランブル英文法・語法』（旺文社）

勉強の手順

❶英文法の概略を理解

まずは「スタディサプリ」などの**映像授業**を受け、英文法についてひと通り理解してしまいましょう。対応した講義テキストにメモを取りながら講義を聞き、講義を見終えたら、**テキストのメモを読んで復習**します。

その後に「スタディサプリ」などに付属している問題の演習に取りかかります。この際に注意すべきことは、1周目はとにかく早く終えるようにすることです。講義をきちんと聞いていても、はじめから正答できる問題はそれほど多くはないはずです。大切なのは、**いまの自分はどの問題がなぜ正答できないのかを知ること**にあります。テストにじっくり時間をかけるよりは、**2周目、3周目と繰り返しの回数を重ねるほうが定着への近道**だと考えましょう。

❷英文法を網羅的に理解

「おすすめの教材」にある参考書を使い、まずは1章を解いてみましょう。間違えた問題には×印などのチェックを入れ、解説をひと通り読みます。「×がたくさん付くような実力で問題を解いても意味がない」というように感じられるかもしれません。しかし、**まずは現在地と到達しなければいけないレベルとの間にどれだけ差があるのかを知るのが大切**です。×印が多くても落ち込む必要はありません。ひと通りチェックし終えたら、2周目です。2周目は、正答した問題も含め、1章の全問をもう一度解きます。3周目からは、それでも間違えた問題のみ解きます。重要なのは、何度解説を読んでもいいので、**1章の内容を納得のうえで正答できるようになるまでは次の章に進まないこと**です。確実に1章ずつ潰していきましょう。1章すべてを正答できるようになったら次の章、そのまた次の章……と進み、参考書全体を1周します。ここまでやれば、ほとんどの問題は正答できるようになっているはずです。

CHECK!!

- 映像授業では、「なぜ」を大切にして解説を聞く。
- 参考書の1周目は間違えだらけでも大丈夫。2周目・3周目からが勝負。

◆英文解釈の勉強法

目安とする勉強時間：150時間
ベストな勉強の時期：高校3年生の4月〜6月

おすすめの教材

超基礎レベル
『高校英文読解をひとつひとつわかりやすく。』（学研）
『高校　とってもやさしい英文解釈』（旺文社）

基礎レベル
『入門英文解釈の技術70』（桐原書店）

共通テストレベル　MARCHレベル
『基礎英文解釈の技術100』（桐原書店）
『英文読解入門　基本はここだ！』（代々木ライブラリー）

早慶レベル　旧帝大レベル
『英文解釈の技術100』（桐原書店）
『ポレポレ英文読解プロセス50』（代々木ライブラリー）

勉強の手順

まずは、参考書の**例題の英文解釈**（「SVOC」などの英文の構造を把握する）に挑戦してください。英文の解釈ができないときは、**時間をかけて考えずに解説を読みましょう。**定型構文の解釈は、「知っているか」「知らないか」で決まります。時間をかけて考えても、知らないものは解けません。必要以上に時間を費やさないことです。

同じ要領で演習問題にも挑戦します。間違えた問題をチェックしておき、参考書を1周したら、2周目以降ははじめから全問を解いてみます。1周目に比べ、多くの構文がスムーズに頭に入ってくるのが実感できるはずです。こうして身につけた「精読する力」は、長文読解で「速読する力」につながっていきます。

CHECK!!

- 英文の構造の理解に集中する。和訳の「日本語らしさ」はまだ気にしない。
- 例題を解く際は、いつまでも考えずに、わからなければ解説を読む。

◆長文読解の勉強法

目安とする勉強時間：200時間
ベストな勉強の時期：高校3年生の夏

おすすめの教材

基礎レベル

『イチから鍛える英語長文Basic』（学研）
『イチから鍛える英語長文300』（学研）

『やっておきたい英語長文300』（河合出版）

共通テストレベル　MARCHレベル

『イチから鍛える英語長文500』（学研）

『やっておきたい英語長文500』（河合出版）

早慶レベル　旧帝大レベル

『イチから鍛える英語長文700』（学研）

『やっておきたい英語長文700』（河合出版）

『やっておきたい英語長文1000』（河合出版）

勉強の手順

まずは、これまでに勉強してきた英単語・英文法・英文解釈の成果を試すつもりで、問題集に示された制限時間内で問題を解いてみます。答え合わせでは解説を読み、「なぜ間違えてしまったのか？」を考えてみましょう。

長文読解は「**復習**」が極めて有効です。なぜなら、**英単語・英文法・英文解釈す**

べての知識を養うことができるからです。復習では、1つの長文につき次の三つのことだけを行ってください。❶**長文を読むうえでポイントとなる英単語や英熟語を押さえる。**❷**長文の構造を全文理解する**（全文を完全に解釈できる必要はないが、構造をある程度説明できるように理解する）。❸**「書き込みのない英文（白文）」を使い、最低3回は音読する。**この三つをすべての長文で行います。この手順で参考書を1周したら、仕上げとして、毎日1つの長文を選び、「書き込みのない英文」を使って最低10回の音読をします。この音読は、**英文を読みながら同時に意味と構造が浮かぶようになるまで**日数をかけましょう。

CHECK!!

- **正解にたどり着けない問題は、「読解力」と「解答力」のどちらに原因があるのか、間違えた理由を分析する。**
- **長文の復習は、長文を精読した後に音読を繰り返すことで行う。**

◆和文英訳の勉強法

目安とする勉強時間：100時間
ベストな勉強の時期：高校3年生の夏

おすすめの教材

『英作文基本300選』（駿台文庫）
『ドラゴン・イングリッシュ基本英文100』（講談社）
『大学入試英作文ハイパートレーニング 和文英訳編』（桐原書店）
『減点されない英作文 改訂版』（学研）
『もっと減点されない英作文 過去問演習編 改訂版』（学研）

勉強の手順

まずは、和文英訳の問題を解く際に必要な**「英文の型」**を把握するつもりで、参考書の例文に目を通します。その際、かならず**例文の構造を把握し、3回音読**をしましょう。その後、例文を見ないで、例文を**紙に書き出してみることでテスト**をします。書けない例文は参考書で確認し、もう一度紙に書き出します。30個ほどの例文を進めたら、和訳だけを見て英文を書き出せるかまとめてチェックします。構造把握・音読・書き出しの三つの要素を盛り込んだ暗記方法なので、これを徹底して行えば、記憶の定着が期待できます。

CHECK!!

- □ **和文英訳は定番の構文を問うものが多いので、例文暗記で型をつかむ。**
- □ **例文を暗記するときはかならず音読し、紙に書く。**

◆自由英作文の勉強法

目安とする勉強時間：100時間
ベストな勉強の時期：高校3年生の秋

おすすめの教材

『宮崎の今すぐ書ける英作文・自由英作文編』（東進ブックス）
『［自由英作文編］英作文のトレーニング 改訂版』（Z会）
『大学入試英作文ハイパートレーニング 自由英作文編』（桐原書店）
『減点されない英作文 改訂版』（学研）
『もっと減点されない英作文 過去問演習編 改訂版』（学研）

勉強の手順

自由英作文は過去問演習をはじめにやってはいけません。まずは参考書に掲載されている**「自由英作文で使用する表現」**に目を通します。そして、次に問題を読み、解くことは後回しにして先に解説を読みます。ここで重視したいのは、**「自由英作文の型」をすべて頭に入れるということ**です。試験本番では、覚えた型を使って書くほうが、オリジナルの表現を使って書くよりも圧倒的に時間を短縮でき、そのうえ、減点されるリスクを回避できるからです。「自由英作文の型」が覚えられたら、問題を解いていきましょう。最後に、英作文で減点されないテクニックを学ぶ目的で『減点されない英作文』(学研)などを参考にするのも良いでしょう。

CHECK!!

- □ **できるだけ「覚えた型」で作文する。使う単語は中学レベルで十分。**
- □ **減点されないテクニックを事前に参考書で把握しておく。**

◆リスニングの勉強法

目安とする勉強時間：100時間
ベストな勉強の時期：高校3年生の夏〜秋

おすすめの教材

基礎レベル　共通テストレベル　MARCHレベル

『きめる！　センター英語リスニングトレーニング』（学研）
『大学入試　関正生の英語リスニング　プラチナルール』（KADOKAWA）

早慶レベル　旧帝大レベル

『灘高キムタツの東大英語リスニング　BASIC』（アルク）
『灘高キムタツの東大英語リスニング』（アルク）
『大学入試 関正生の英語リスニング　プラチナルール』（KADOKAWA）

＊センター試験向けの教材は今後共通テスト向けに改訂される場合があります。改訂前後で、参考書で身につく能力に大きな違いはありません。

勉強の手順

リスニングでも問題を解いた後の「**復習**」が重要になります。まずは、参考書に付属している音声を再生して問題を解いてみましょう。

答え合わせが終わったら、復習です。復習では、まずスクリプト（音声として再生された英文のこと）を、構文に注意しながら「**読解**」します。**文字で読んでも意味が取れない文章は、音声で聞いても絶対に理解できません。**一般に、リスニングのスクリプトは平易な文の場合がほとんどですが、知らない単語・熟語・構文があれば、チェックしながら読解をします。

スクリプトの意味が取れたら、音声を再生しながら「**音読**」をしましょう。**活字で理解できた内容を耳でも理解できるようにトレーニングをする**ためです。音声と同じスピードでスラスラ音読できるようになったら、「**シャドーイング**（スクリプトを見ずに音声を聞き、音声に続いて自分も影のように後追いで音読すること）」に移ります。最低3回は行いましょう。最後に「**ディクテーション**（音声を聞いて、流れてきた英文を紙に書き出すこと）」を行います。

「読解」「音読」「シャドーイング」「ディクテーション」。この四つの手順を徹底すると、耳で音声から情報を得ることに次第に慣れていくはずです。四つの順序を守るようにしてください。**後半に移るにつれて、徐々に情報源が減っていく**（実際のリスニング試験の形式に近づいていく）**仕組み**になっています。リスニングに苦手意識のある人は特に、いきなり耳だけで音声を理解しようとすると挫折しがちです。この四つの手順を忠実に守れば、確実にリスニングの実力は向上します。

CHECK!!

- 知らない語彙や構文は聞き取れない。スクリプトを見ながら、単語や文法の復習も同時に行っていく。
- リスニングは復習が命。最初は、間違えだらけでも大丈夫。「読解」「音読」「シャドーイング」「ディクテーション」の四つの手順を繰り返す。

最初からすべてを暗記しようとせず、重要なものだけ最低限覚えて、“記憶の軸”をしっかり作ることが大切です。“記憶の軸”ができると、そこに関連付けて周辺知識を暗記することがずっと容易になるのです。

3 1時間100単語。短期間で何周もしよう

あとは、1 2を100単語ぶん繰り返します。この間に何度も単語に触れているので、忘れにくくなります。これを毎日どんどん繰り返していきましょう！

check! 1日1時間で100単語達成する

check! 700単語くらいで折り返して2周目に入る

check! 黒字の意味や発音・スペル・派生語は3周目以降でOK

㊙ターゲット1900：Section1からSection8が「常に試験に出る基本単語800」となっているので、まずはその800単語を覚えます。終わったらまたSection1に戻って2周目に取り組みましょう。

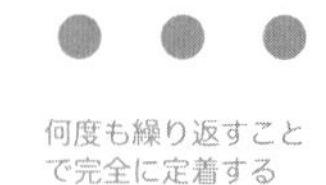

何度も繰り返すこと
で完全に定着する

EXERCISE

英単語の勉強法を実践してみよう!

正しい方法で定着するまで反復

1 まずは「最重要の意味」だけ覚えよう (→おすすめの参考書はP115)

はじめの見開きページを開いて、そのページに載っている単語の最重要の意味に目を通しましょう。

check! ほかの意味や発音、スペルはこの時点では気にしない

check! 単語と意味を1対1の対応関係で覚える

㊎ターゲット1900：Section 1のはじめのページを開き、載っている7単語の「赤字の意味」だけに目を通します。

2 必ず「テスト」をしよう

テストをすることで「なんとなく覚えた気になる」のを防ぐことができます。単語帳の意味部分を赤シートや紙などで隠して、思い出せるかテストします。5秒以内に思い出せなかったら、印をつけましょう。見開き1ページ分テストが終わったら、思い出せなかった単語のみ1に従って覚えなおし、何度もテストします。

check! 見開き1ページ単位で、全部完璧に答えられるまでテストする

check! わからなかったものは印をつけて、何度も繰り返し覚えなおす

check! 5秒以内で答えられないものは、覚えていないも同然

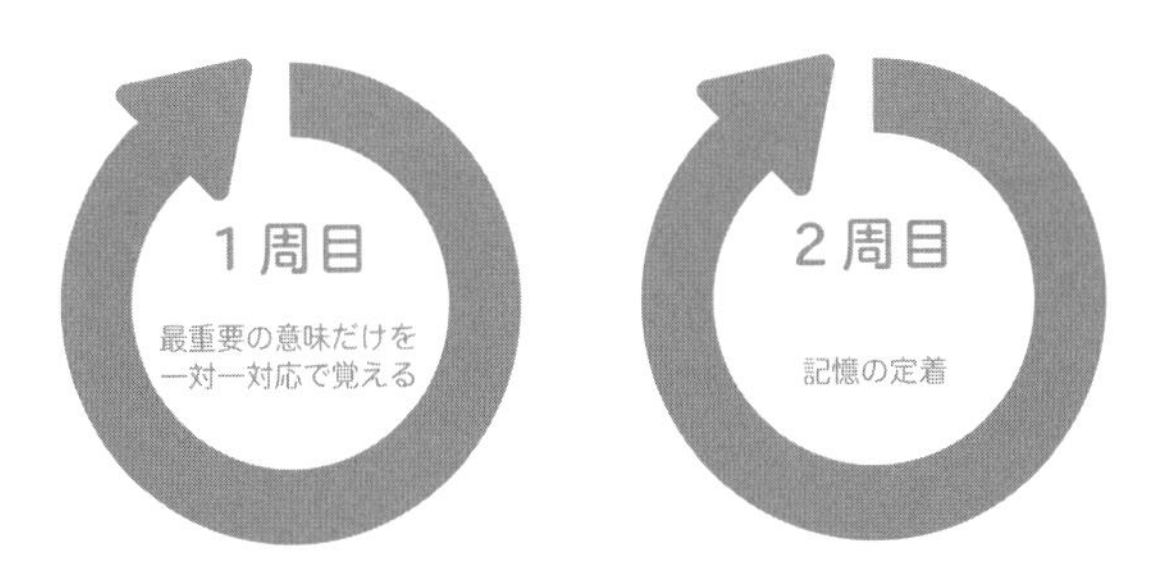

METHOD.2 「数学」の戦略的攻略法はこれだ！

SECTION ① 受験数学と学校の勉強はココが違う！

学校の定期テストでは授業の中で学習した問題が多く出題されますが、入試では初めて見るような問題が出題されます。では、学校の勉強が入試に役立たないのかというと、そうではありません。学校の数学の授業では、定石問題の解き方を教えてくれます。入試で出題される「初めて見るような問題」とは、その多くが定石問題の解法を組み合わせて解くような問題です。そういった問題を解くときこそ、学校で学んだ定石問題をどれだけ使いこなすことができるかがカギになります。ですから、学校の授業は積極的に活用していくべきです。

SECTION

② 受験数学の全体像を把握する。

全体像と学習手順

1 定石問題（基礎）⬇ 2 定石問題（応用）⬇ 3 演習 ⬇ 4 過去問演習

受験数学の勉強手順は至ってシンプルです。まず、**定石問題の解き方を完全にマスターしていきましょう。**次に、**過去問などを活用して演習を繰り返す**ことで、合格のために必要な力をつけることができます。

「**定石問題**」とは、次ページで紹介する「おすすめの教材」に載っているような問題のことです。これらの参考書に載っている問題を〝**解けて当たり前**〟**という段階にまで引き上げれば、ほとんどの大学の数学の入試問題は解けてしまいます。**あれこれいろいろな参考書に手を出すのではなく、1冊の参考書を完璧にしていきましょう。

「**演習**」では、問題集や過去問を活用することをおすすめします。定石問題の解法をマスターしたうえで、それらを「**どのように組み合わせればいいのか？**」**という視点をもって解き進める**ようにしてください。

◆定石問題（基礎）の勉強法

目安とする勉強時間：数Ⅰ・A　200時間　数Ⅱ・B　300時間
数Ⅲ　300時間

ベストな勉強の時期：数Ⅰ・A　高校1年生の春〜冬
数Ⅱ・B　高校2年生の春〜冬
数Ⅲ　高校2年生の冬〜高校3年生の春

おすすめの教材

『チャート式　解法と演習数学』シリーズ（数研出版）　※通称：黄チャート
『4STEP 数学』シリーズ（数研出版）
『マイベスト　よくわかる数学』シリーズ（学研）

勉強の手順

定石問題（基礎）を習得するには、まず第一に、**学校の数学の授業をしっかりと聞くようにしてください。**授業で習ったことは、その日のうちに、「おすすめの教材」を使って復習しましょう。部活動などが忙しく平日に勉強時間を取れない人は、**遅くとも授業のあった週末には習った項目の問題を解く**ようにしましょう。

間違えてしまった問題には×印などを付けておき、時間が経ってからも間違えたことがわかるように**視覚化**しておくことも重要です。間違えた問題は**少なくとも2回は解き直し**て、自分のものにする必要があります。

CHECK!!

- **解き方は文字だけでは理解しにくい。学校の授業や講義形式の参考書をうまく活用すること。**
- **間違えた問題は×印を付けて何回か解き直す。**

◆定石問題（応用）の勉強法

目安とする勉強時間：数Ⅰ・A 100時間 数Ⅱ・B 150時間 数Ⅲ 150時間

ベストな勉強の時期：数Ⅰ・A 高校1年生の秋〜高校2年生の春
数Ⅱ・B 高校2年生の秋〜高校3年生の春
数Ⅲ 高校3年生の春〜夏

おすすめの教材

『チャート式 基礎からの数学』シリーズ（数研出版） ※通称：青チャート
『Focus Gold 数学』シリーズ（啓林館）
『大学への数学 1対1対応の演習』シリーズ（東京出版）

勉強の手順

まずは例題に取り組んでみてください。例題を解いてみて解ける問題に関しては何度も解く必要はありません。ただし、レベルの高い参考書になっているので、中にはまったく解き方が思いつかない例題もあると思います。その場合は、いつまでも悩まずに解説を見てしまってください。**解説を見て解き方を理解してから、もう一度同じ例題に取り組みましょう。**このとき、解説を読んだだけで〝できた〟気分にならないようにしましょう。〝わかる〟と〝できる〟には大きな差があります。

例題をひと通り解き終わったら、**演習問題や章末問題などにも積極的に取り組むようにしてください。**定石問題は、解けるという状態で終わってはいけません。〝**解けて当たり前**〟という段階にまで引き上げてください。

CHECK!!

- **例題は最初は解けなくて当然。いつまでも悩んでいないで解説に目を通す。**
- **数学は暗記科目ではない。理解を目指すこと。**

◆演習の勉強法

目安とする勉強時間：数Ⅰ・A 100時間　数Ⅱ・B 100時間
数Ⅲ 150時間

ベストな勉強の時期：数Ⅰ・A 高校2年生の春〜夏
数Ⅱ・B 高校2年生の冬〜高校3年生の夏
数Ⅲ 高校3年生の秋

おすすめの教材

『文系数学の良問プラチカ　数学Ⅰ・A・Ⅱ・B』（河合出版）
『理系数学の良問プラチカ　数学』シリーズ（河合出版）
『数学重要問題集』シリーズ（数研出版）

勉強の手順

基本的な流れは定石問題の学習と同じです。まず問題に取り組みましょう。ただし、**3 演習**では解き方がわからなくてもすぐに解説を見てしまうことはおすすめしません。ここまでの学習で、定石問題は身についており、考えるための素材はすでに頭の中にあるはずです。**「その素材をどのように組み合わせて使っていけばいいのか?」と頭を働かせるのが演習の目的**です。問題を解く際は、本番を意識し、途中式や説明文などの計算過程もしっかり記述しましょう。特に、過去問が数年ぶんしか手に入らない大学を志望校としている場合は、足りないぶんを補えるよう、しっかりと演習していきましょう。

演習に取り組むときも、間違えた問題に関しては何度も解き直してください。1冊が完璧になっていないのに次の問題集に手を出すことはしないようにしてください。

CHECK!!

- 演習では考える力を身につける。すぐには解答を見ない。
- 途中式や説明文もしっかりと記述する。本番を意識した演習を心がける。

◆過去問演習の勉強法

目安とする勉強時間：100時間
ベストな勉強の時期：高校3年生の秋

おすすめの教材

志望校の「赤本」（教学社）

勉強の手順

入試本番と同じ試験時間で過去問演習に取り組みましょう。その際、スピード感を意識して、出題順に解いていくのではなく、**解ける問題から解いていくこと**を心がけましょう。**解ける問題、解けない問題を判断する力も必要**です。

演習が終わったら答え合わせを行います。そのとき、**いままでの学習で解いてきた問題の解法をどのように組み合わせれば解けたのかを復習する**ようにしてください。解けなかった問題は、解き方を理解した時点でもう一度解き直してください。

また、1週間ほど時間を空けて同じ年度の過去問を解いてみることをおすすめします。「過去問を制するものは入試を制する」といっても過言ではないくらい過去問は大切ですから、繰り返し解き直していきましょう。

CHECK!!

- **過去問演習は解ける問題から解く。**
- **解き直しの際は、「どの定石問題の解法を使うのか」という視点で解く。**

METHOD.3 「国語」の戦略的攻略法はこれだ！

現代文

SECTION

① 現代文の勉強時間は極力抑えよ！

多くの受験生が現代文の問題集をなんとなく解いています。実は、これは「受験勉強」の落とし穴の一つです。**現代文は受験勉強という時間的制約のある状況では優先順位の低い科目**といえるからです。現代文はかけた時間の割にリターンが小さく（得点が上がりにくく）、そのうえ得点配分もさほど大きくはない科目です。

現代文は、合格を決める科目にはなり得ません。現代文に多くの勉強時間をかけるぐらいなら、その時間を他の科目に回してください。

古文

SECTION

② 受験古文と学校の勉強はココが違う！

「学校の古文」と「受験古文」の違いは、英語の場合とほぼ同じです。学校の古文のテストが、授業で学習した文章の理解度を測る内容であるのに対し、**受験古文では初めて読む文章を素早く正確に理解することが要求されます。**このような違いはあるものの、学校の授業は非常に役に立ちます。なぜなら、学校の授業では文法事項や単語のみならず、一つ一つの文章をどのように解釈すべきかを解説してくれるからです。受験古文でも、一つ一つの文章を正確に解釈できているかが問われます。

SECTION

③ 受験古文の全体像を把握する。

1 古文単語 & 2 古文文法 ⬇ 3 古文演習

古文も、英語と同様、「**単語**」と「**文法**」を身につけることがはじめの一歩になります。**古文は現代語訳がきちんとできれば、ほとんどの問題は解けてしまいます。**文を正しく解釈できるようにするために、まずは解釈の土台となる単語と文法を勉強していきましょう。

SECTION

④ 省略された主語を見抜くカギ。

古文の読解では行為の主体、すなわち「**主語**」を見抜くことが重要です。古文では主語は省略される場合が多く、この**省略された主語を正しく把握していかないと「誰が何をしたのか」を見失い、話の筋を追うことが困難**になります。これを把握するときのカギが「**敬語**」です。古典文法を学ぶ際には、特に敬語の習得は最重要課題と心得ましょう。

SECTION

⑤ 文脈把握を左右する古文の背景知識。

古文では「**古文常識**」などの背景知識にも注目することをおすすめします。というのも、古文で取り上げられる文章には、**人間関係や風習や儀式、倫理観など、現代とはかけ離れた考え方が頻繁に登場する**からです。こういった背景知識が解釈のカギになることも少なくありません。古文演習時に、解説に背景知識への言及があれば注意して読みましょう。また、『マドンナ古文常識217 パワーアップ版』(学研)のような参考書を1冊読んでみるのも良いでしょう。

◆古文単語の勉強法

目安とする勉強時間：30時間
ベストな勉強の時期：高校1年生・2年生

【おすすめの教材】

基礎レベル　共通テストレベル　MARCHレベル　早慶レベル　旧帝大レベル

『マドンナ古文単語230』（学研）

『読んで見て覚える重要古文単語315』（桐原書店）

『古文単語 FORMULA600』（東進ブックス）

勉強の手順

古文単語は、**単語帳を短期間に何度も繰り返す**のがポイントです。まずは、**最重要の意味を覚えることに集中**し、早い段階で1周してしまいましょう。意味を覚える際には、**かならずテストをする**ことを忘れないでください。覚えた気になっていることがいちばん怖いことだからです。

2周目以降は、**複数の意味を覚えていく**ようにしてください。また、古文単語の現代語訳は、前後の文脈で変化することも多いので、例文にもかならず目を通しておきましょう。2周目以降もページごとに繰り返しテストを行います。

CHECK!!

- 最初の1周で覚えるべきは、赤字で書かれた最初の意味だけ。
- かならずテストすること。眺めているだけで覚えた気にならないように。

◆古文文法の勉強法

目安とする勉強時間：80時間
ベストな勉強の時期：高校1年生・2年生

【おすすめの教材】

基礎レベル　共通テストレベル
「スタディサプリ 高2 ベーシックレベル古文〈文法編〉」（リクルート）

基礎レベル　共通テストレベル　MARCHレベル　早慶レベル　旧帝大レベル
『1日1題30日完成 古典文法（高校初級・中級用）』（日栄社）

『ステップアップノート30古典文法基礎ドリル』（河合出版）
『基礎からのジャンプアップノート古典文法・演習ドリル』（旺文社）

勉強の手順

まずは、学校の授業や「スタディサプリ」などを活用して、文法事項をひと通り理解しましょう。このとき、**理解に重点**を置きます。暗記はまだ十分でなくとも大丈夫です。

次に暗記を徹底させるため、書き込みノート式の参考書を3周します。**同じ書き込みノート式の参考書を3冊買うと便利です**。書き込みノート式の参考書は**短期間で何周もする**ことをおすすめします。覚えるべき事項はさほど多くはないので、長期休暇の際に、短期集中型で覚えてしまいましょう。

CHECK!!

- [x] **まずは映像授業で「なぜ」を理解する。**
- [ ] **同じ書き込み式の参考書を3周繰り返すことで、基礎を定着させる。**

◆古文演習の勉強法

目安とする勉強時間：80時間
ベストな勉強の時期：高校3年生の春

【おすすめの教材】

基礎レベル　共通テストレベル　MARCHレベル　早慶レベル　旧帝大レベル

『センター試験過去問研究　国語（センター赤本シリーズ）』（教学社）

『センター試験必勝マニュアル国語（古文）』（東京出版）

早慶レベル

『最強の古文　読解と演習50』（Z会出版）

旧帝大レベル

『得点奪取　古文　記述対策』（河合出版）

勉強の手順

古文演習では、実際の入試問題が掲載されており、解説が詳しい問題集を使って解くのが良いでしょう。まず、制限時間を設けて演習を行い、その後に答え合わせを行います。ですが、古典演習の際に特に注意してほしいのは、**傍線部をすべて品詞分解・現代語訳すること**です。というのも、古文の問題のほとんどが、正確に解釈できれば解けるものだからです。現代語訳が問題を解くうえでの最大の手がかりになります。

また、答え合わせの際は、傍線部についての自身の解釈に誤りがなかったかを確認するようにしましょう。もし誤りがあれば、**その原因が「単語」の知識不足にあるのか、「文法」の理解不足にあるのかを特定**してください。原因に応じて、単語帳あるいは文法書に戻り、復習をしましょう。

ひと通りの答え合わせをしたら、**文章を少なくとも3回は音読しましょう。** このとき、読みながら現代語訳を思い浮かべるのでなく、品詞分解をしていくのがおすすめです。

CHECK!!
- 問題文の傍線部はすべて品詞分解・現代語訳する。
- 音読では、読みながら品詞分解できるようにする。

漢文

SECTION

⑥ 受験漢文と学校の勉強はココが違う！

受験漢文も、学校のテストと異なり、初見の文章を短時間で理解できるかが問われます。学校のテストでは、極端な話、「句法」が一切頭に入っていなくとも、授業で学習した日本語訳を覚えていれば、ある程度は点が取れてしまいます。一方、受験漢文は、**「句法」がわからないようでは歯が立ちません。漢文の読解にも、設問に答えるためにも、句法の知識が必須**だからです。

SECTION
⑦ 受験漢文の全体像を把握する。

全体像と学習手順

1 漢文句法 ⬇ 2 漢文演習

漢文で決定的に重要なのは「**句法**」です。句法とは、漢文の文法のことです。句法さえ押さえてしまえば、入試で出題されるほとんどの漢文は読めてしまいます。覚えるべき句法は、英語の文法や古文の文法に比べて圧倒的に少ないので、肩の力を抜いてサクっと覚えてしまいましょう。

SECTION
⑧ 文脈把握問題の選択肢にヒントあり。

共通テストをはじめとして、入試漢文の多くは**短めの文を扱います。設問に文脈把握の正誤問題がある場合には、選択肢の文章を見ると、それだけで文章全体の内容がある程度つかめてしまいます。**漢文に限らず、読解問題では先に設問を読み、事前に文章の内容をざっくりと把握しておくというテクニックは有効なのですが、漢文の場合、その効果が特に絶大です。

◆漢文句法の勉強法

目安とする勉強時間：40時間
ベストな勉強の時期：高校1年生・2年生

【おすすめの教材】
基礎レベル　共通テストレベル　MARCHレベル　早慶レベル　旧帝大レベル
『漢文ヤマのヤマ　共通テスト対応版』（学研）
『漢文早覚え速答法　共通テスト対応版』（学研）
『集中2週間完成　漢文　高校中級用』（日栄社）

勉強の手順

「**句法**」の解説と練習問題の両方が掲載された参考書を使いましょう。まず、解説を読み、句法をインプットしていきます。このとき、「**書き下し方**」**と**「**現代語訳**」**に着目しながら覚えます**。大抵の参考書では、句法とともに例文が掲載されているはずなので、その例文を音読してみてください。漢文の書き下し方と意味が自然と頭の中に入ってくるまで続けましょう。

解説が理解できたら、練習問題を解いていきます。ノートを用意して、自分の手を動かして問題を解きましょう。

参考書の1周目は、すべての句法を覚えるのが目標です。2周目、3周目では、解説を読まず、問題を解くところから始めましょう。問題を解いて、間違えたところや忘れていた部分の解説のみを読んで、確認しましょう。3周もすれば、ほとんどの句法が身についているはずです。

CHECK!!
- 句法は「書き下し方」と「現代語訳」に着目して暗記する。
- 句法を暗記する際は、例文を声に出して読む。

◆漢文演習の勉強法

目安とする勉強時間：50時間
ベストな勉強の時期：高校3年生の春

【おすすめの教材】
基礎レベル　共通テストレベル　MARCHレベル　早慶レベル　旧帝大レベル
『センター試験過去問研究 国語（センター赤本シリーズ）』（教学社）
『センター試験必勝マニュアル国語（漢文）』（東京出版）

早慶レベル

『得点奪取漢文 記述対策』（河合出版）

勉強の手順

漢文の問題を読解するときのポイントは、**頭の中で漢文を音読しながら読んでいくことです**。もし、頭の中でうまく読めなければ、それはまだ句法が完璧に身についていないという証拠です。音読につまってしまった部分には×印などを付けておき、答え合わせの際に復習しましょう。

答え合わせをする際、「**漢文常識**」などの背景知識にも注意して解説を読むことをおすすめします。漢文は中国の文章であり、かつ古い時代の文章です。私たちの常識とは異なる部分も多々あります。漢文常識や歴史背景を知っておくことで、今後の読解にも有利になることがあります。解説を読む際は、積極的にそれらの知識を吸収するようにしてください。

CHECK!!

- ☐ 漢文こそ、音読すべし。音読を繰り返すことによって読むスピードが上がる。
- ☐ 背景知識の解説にも注目。読んでおくと読解に有利になることがある。

METHOD.4

「社会科」の戦略的攻略法はこれだ！

SECTION

① どの選択科目を選択するべきか。

社会科の中で、どの科目を選択するのがいいのか。ここではまず、受験生が頭を悩ます「**科目選択**」についてみていきましょう。受験生のタイプ別におすすめの選択科目を紹介します。ここで注意が必要なのは、志望校によっては、受験可能な科目が決まっている場合があることです。志望校について調べたうえで、選択科目を決定するようにしてください。

文系の場合（私大受験や国公立二次でも社会科を使用する場合）

◆こんな人には「世界史」がおすすめ

- 世界の歴史を広く学びたい人（広く浅く学ぶのが得意な人）
- カタカナ用語を覚えるのが苦にならない人（漢字を覚えるのが苦手な人）
- 地図問題が苦にならない人
- 安定的に高得点を狙いたい人

◆こんな人には「日本史」がおすすめ

- 高校受験のときに歴史が得意科目だった人
- 日本の歴史を深く学びたい人（狭く深く学ぶのが得意な人）
- 漢字を覚えるのが苦にならない人（カタカナ用語を覚えるのが苦手な人）
- 暗記量の多さが苦にならない人

◆こんな人には「地理」「倫理・政経」がおすすめ

- 社会科目にあまり勉強時間をさきたくない人（英・国で点が取れることが前提）

☑社会科目はそこそこの点数でいいと割りきれる人（2科目とも暗記量は少ないが、高得点は取りづらい）

※「地理」「倫理・政経」で受験できる大学は限られています。選択する際は志望校の受験科目を確認するようにしてください。

理系の場合（共通テストでのみ社会科を使用する場合）

◆**こんな人には「地理」「倫理・政経」がおすすめ**

☑できるだけ暗記量を減らしたい人

◆**こんな人には「世界史」「日本史」がおすすめ**

☑時間がかかったとしても共通テストで高得点を狙いたい人

※理系の人には原則、「地理」「倫理・政経」をおすすめします。理系にとって「世界史」「日本史」は時間がかかりすぎるため、「地理」もしくは「倫理・政経」を選択して、英・数に時間をかけるほうがいいでしょう。

SECTION

② 受験世界史・受験日本史と学校の勉強はココが違う！

受験世界史と受験日本史で、学校のテストと異なるのは、「**試験範囲の有無**」です。定期テストの場合は、教科書の何ページから何ページまでといったように試験範囲が存在します。一方で、「受験世界史・受験日本史」の場合は、当然のことながら、「全範囲」から出題されます。**定期テストの場合は、テスト範囲があるため、時代をまたぐような内容の出題はできません。**ところが、**入試問題の場合は時代や地域をまたいで問うような「テーマ史」的な出題がほとんど**です。学校の定期テストと入試問題は似て非なるものです。この違いについてはしっかりと認識しておいてください。

SECTION

③ 受験世界史・受験日本史の全体像を把握する。

全体像と学習手順

1 通史概略 ⬇ 2 通史完成 ⬇ 3 用語網羅 ⬇ 4 演習

世界史と日本史で重要なことは、早い段階で、ざっくりと「**通史の概略**」をつかんでしまうことです。まずは粗削りでも、全体像をつかむ必要があります。「**歴史の流れ（通史）」を骨格と考えてください。**受験世界史・受験日本史の勉強とは、その**骨格に対して適切な部位に「用語」を肉付けしていく**ようなイメージです。

通史では、はじめに「どの国」の「どの王朝」で「何が起こった」「誰が何をした」というように**教科書の太字レベル、参考書の赤字レベルの重要事項を中心にインプットしていくこと**で、全体の流れをつかんでいきます。きちんとした骨格ができたら、いよいよ歴史用語を肉付けしていく作業です。**骨格を作る作業では暗記しなかったような用語を暗記していくこと**から始めましょう。**これらの用語は一問一答集を使って網羅的にインプット**するのが良いでしょう。文化史的な用語も同時に覚えていきましょう。

用語のインプットができたら、仕上げに、志望校のレベルに合わせた問題集や志望校の過去問を解いて実戦的な訓練を積んでいきましょう。赤本を解く際は、志望校で頻出のテーマもチェックしておくと良いでしょう。

SECTION

④ 学校の授業が終わるのは高3の受験直前期。

歴史科目でもっとも注意しなければいけないのは、学校の授業の進度です。**学校の授業は、受験直前期まで教科書が終わらない**ことがほとんどです。それどころか、**教科書が最後まで終わらないということすらあります。**すると、当然、近現代史がおろそかになるのですが、一方で**近現代史は入試頻出**だったりもします。現役生が歴史科目の入試で泣くのは、ほとんどがこの「近現代史の対策不足」です。入試で泣かないためにも、逆算を駆使して、計画的な自学自習を進めましょう。

◆通史概略の勉強法

目安とする勉強時間：60時間
ベストな勉強の時期：高校1年生・2年生

【おすすめの教材】

世界史

マンガ

『学研まんが NEW世界の歴史』（学研）

『学習漫画 世界の歴史』（集英社）

マンガ参考書

『新マンガゼミナール世界史 古代～近代へ パワーアップ版』（学研）

『新マンガゼミナール世界史 近現代 パワーアップ版』（学研）

一般書

『一度読んだら絶対に忘れない世界史の教科書』（ＳＢクリエイティブ）

『中高6年間の世界史が10時間でざっと学べる』（KADOKAWA）

日本史

マンガ

『学研まんが NEW日本の歴史』（学研）

『学習漫画 日本の歴史』（集英社）

マンガ参考書

『新マンガゼミナール日本史 古代~近世 パワーアップ版』(学研)
『新マンガゼミナール日本史 近現代 パワーアップ版』(学研)

一般書・参考書

『一度読んだら絶対に忘れない日本史の教科書』(SBクリエイティブ)
『中高6年間の日本史が10時間でざっと学べる』(KADOKAWA)
『超速! 最新日本史の流れ』(ブックマン社)
『超速! 最新日本近現代史の流れ』(ブックマン社)

勉強の手順

ざっくりとした流れを把握するためにおすすめなのが、歴史マンガです。歴史マンガであれば、他科目の勉強の合間に息抜きとして読み進められるはずです。ここでは、出てくる用語を暗記しようとする必要はありません。暗記するというよりは、**何度も繰り返して読み、流れを押さえるイメージ**です。暗記しない代わりに、ペースを落とさずに楽しんでサクサクと読み進めましょう。

マンガを3周ほど読んだら、今度は『中高6年間の○○シリーズ』（KADOKAWA）を使い、文字ベースで流れを頭に入れていきましょう。**1周目は全体像をつかむ目的で読み、2周目以降は太字の部分も覚えるつもりで読んでください。**

CHECK!!

- 歴史は早い段階で全体像をつかむべき。学校の授業は教科書を終えるのが受験直前になるので、計画的に進めること。
- 時代の流れをざっくりつかむには歴史マンガを活用する。

◆通史完成の勉強法

目安とする勉強時間：250時間
ベストな勉強の時期：高校3年生の春〜夏

【おすすめの教材】

世界史

「Try IT（トライイット）高校世界史B（映像授業）」（トライグループ）
『ナビゲーター世界史B』シリーズ（山川出版社）
『タテから見る世界史 パワーアップ版』（学研）
『詳説世界史ノート』（山川出版社）

日本史

「スタディサプリ 高3 トップ&ハイレベル日本史〈通史編〉」（リクルート）
『中学から使える 詳説日本史ガイドブック』シリーズ（山川出版社）
『詳説日本史ノート』（山川出版社）

勉強の手順

学校の授業や映像授業、あるいは講義調で記述された参考書を使い、各時代の歴史の用語を頭に入れていきます。**ここでは積極的に歴史用語を覚えるようにしてく**

ださい。特に、学校の授業や映像授業の場合は、その授業専用のテキストがあるはずです。**テキストで穴埋めになっていたり、太字になっていたりする用語は、すべて覚えるように心がけましょう。**

授業や講義調で記述された参考書の場合、歴史の「体系的な理解」や「国や地域の結びつき」にフォーカスして解説してくれてはいますが、一方で、覚えた内容の定着がおろそかになりがちです。そこでおすすめなのが、『詳説世界史ノート』『詳説日本史ノート』（山川出版社）などの書き込みノート式参考書です。**学習した時代や国・地域のページを開き、自分の手を使ってノートを完成させましょう。**この際、参考書を使わずに自分でゼロからノートを几帳面に作成してしまう人がいますが、それは非効率なので避けたほうが良いです。

CHECK!!

- □ **各時代の重要な用語をインプットする。**
- □ **用語を暗記するだけでなく、用語を歴史の流れの中で捉える。**

◆用語網羅の勉強法

目安とする勉強時間：100時間
ベストな勉強の時期：高校3年生の秋

【おすすめの教材】

世界史

『山川 一問一答世界史』（山川出版社）
『斎藤の世界史B一問一答 完全網羅版』（学研）
『入試に出る 世界史B 一問一答』（Z会出版）
『世界史単語の10秒暗記 ENGRAM2250』（学研）

日本史

『山川 一問一答日本史』（山川出版社）
『日本史B一問一答 完全版』（東進ブックス）

『入試に出る　日本史B　一問一答』（Z会出版）
『日本史単語の10秒暗記　ENGRAM2200』（学研）

勉強の手順

前ページの教材の中から好みの一問一答集を1冊購入しましょう。おすすめは、**間違えるたびに×印を付けていく**ことです。そして、**×印が付いた用語は、かならずその日の勉強の最後に復習しましょう**。さらっと目を通すだけでも構いません。そして、**週末に×印の用語をもう一度テストします**。

この勉強法で3周やりましょう。3周もすると、×印がいくつも付いた用語が散見されるはずです。**3周目以降は、×印が複数付いた用語をテストしましょう**。歴史科目は、最終的には、用語を一定量以上覚えなければ、安定して高得点が取れないのも事実です。1冊の一問一答集を完璧に覚えてしまうつもりで使いましょう。

CHECK!!

一問一答集はかならずテストしながら使う。
テストで間違えた用語には×印を付けていき、3周目以降は×印が複数付いたものを再度テストする。

◆世界史演習・日本史演習の勉強法

目安とする勉強時間：100時間
ベストな勉強の時期：高校3年生の秋〜冬

【おすすめの教材】

世界史
『実力をつける世界史100題』（Z会出版）
『HISTORIA[ヒストリア]世界史精選問題集』（学研）
志望校の「赤本」（教学社）

日本史
『実力をつける日本史100題』（Z会出版）
『HISTORIA[ヒストリア]日本史精選問題集』（学研）
志望校の「赤本」（教学社）

勉強の手順

一問一答集で用語のインプットができたとしても、実際の入試問題を解くとなると点が取れない場合があります。それは、まだ実戦形式でのトレーニングが足りないからです。**実際の入試では、同じ用語を問う問題でも、一問一答集とは異なる視点やキーワードで出題されたりします。**そのため、「その用語は知っているのに、答えを導き出せない」ということが起こるのです。

演習では、「おすすめの教材」にある問題集を1冊用意し、解いていきます。実戦さながらに紙に答案を書いてください。答え合わせの際は、解けなかった問題について、なぜ解けなかったかを分析します。用語は知っていたのに解けなかった問題があったとしたら、それは用語とともにあわせて覚えるべきキーワードが抜けていたからです。その場合は、**参考書や一問一答集でその用語を探し、余白にその用語がどのキーワードとともに問われたかをメモしていくと良い**でしょう。これを繰り返すことで応用力（入試での得点力）が次第についていきます。

志望校で論述問題が出題される場合は、歴史用語だけでなく、**出来事の歴史的意

義にも注意して解説を読みましょう。問題集の解説には、論述の際にヒントとなる記述がたくさんあります。歴史的意義に関して説明している記述には、マーカーを引くなどしましょう。**その記述をそのまま暗記し、論述の際にまるごと拝借してしまえば良い**のです。これが論述対策のテクニックです。

CHECK!!

- ☐ 入試では単純な知識の暗記を問うことは少ない。入試問題での「問われ方」を実戦形式で学ぶこと。
- ☐ 用語とともにあわせて覚えるべき新しいキーワードを発見したら、手持ちの参考書や一問一答集の該当箇所に、メモを書き入れること。

地理

SECTION

⑤ 受験地理はココが押さえどころ。

受験地理は、世界史や日本史と比較すると、圧倒的に覚えなければならないことが少なく、**勉強時間を抑えることができます。**一方で、**私大入試や国公立二次で地理を選択できる大学は決して多くありません。**以上の二点を考慮すると、「**志望校がはっきりと決まっていて、そのうえ志望校が地理受験可能な場合の文系**」「**共通テストでのみ社会科目を利用する場合の理系**」にとっては、コスパ（コストパフォーマンス）が良く、地理はおすすめの科目であるといえるでしょう。

【全体像と学習手順】

1 系統地理 ➡ 2 地誌 ➡ 3 共通テスト演習 ➡ 4 地理演習

地理は大きく二つの分野に分けられます。「**系統地理**」と「**地誌**」です。系統地理は地形・気候・農業・工業など、「テーマ別」に地理を学んでいくものです。一方で、地誌は系統地理で学んだテーマを「国・地域別」に掘り下げていくものです。

この二つの分野ですが、「系統地理」を先に学ぶことをおすすめします。なぜなら、**系統地理を先に学んでしまえば、地誌の理解も進み、地理は暗記科目でなくなる**からです。系統地理では、「なぜこの現象が発生するのか」という背景や仕組みを学びます。そのため、地誌では、「なぜ」をしっかり理解したうえで諸地域の特徴について学習することができ、学習効率がはるかに上がるのです。

SECTION ⑥ 最新データを押さえておこう。

地理の特徴として、扱うデータが毎年更新されることが挙げられます。年度版の『地理データファイル』（帝国書院）などを活用し、最新データに触れておくことが大切です。

◆系統地理の勉強法

目安とする勉強時間：50時間
ベストな勉強の時期：高校3年生の夏

【おすすめの教材】

『村瀬のゼロからわかる地理B　系統地理編』（学研）
『山岡の地理B教室』シリーズ（東進ブックス）
『センター試験　地理Bの点数が面白いほどとれる本』（KADOKAWA）

勉強の手順

系統地理の勉強は、前述の「目安とする勉強時間」の時間内で2周しましょう。1周目ではやみくもに暗記するのではなく、「なぜ?」を意識して事象の因果関係を理解します。そして、2周目では赤字や太字の事項を暗記していきます。

地理における勉強のポイントは、地図帳やデータ集を併用することです。国名と位置・地形をあわせて覚えるためにも地図帳を頻繁に開く癖をつけましょう。また、毎年更新される地理データは、最新年度版のデータ集を活用し、つねに新しい情報をインプットするようにしましょう。

CHECK!!

- ただ知識を暗記するだけでなく、「なぜ?」を意識して事象の因果関係を理解する。
- 地図帳やデータ集をつねに併用し、地名とその位置や最新情報に強くなる。

◆地誌の勉強法

目安とする勉強時間:30時間
ベストな勉強の時期:高校3年生の夏

【おすすめの教材】

『村瀬のゼロからわかる地理B 地誌編』(学研)
『山岡の地理B教室』シリーズ(東進ブックス)
『センター試験 地理Bの点数が面白いほどとれる本』(KADOKAWA)

勉強の手順

基本的には系統地理の学習法と同じです。2周することを目標にして、1周目は暗記よりも理解を優先し、2周目からは暗記を優先した学習をしましょう。

参考書で出てきた地名はかならず地図帳で確認をし、マーカーしてください。地名や地域の付近に特産物をメモしておくと、繰り返し地図帳を参照していくうちに自然と覚えられるのでおすすめです。データ集も同じ要領でマーカーをしていきます。その際、**なぜその数値になっているのか、「なぜ?」の理由を一緒にメモしてお**くと良いでしょう。

CHECK!!

- ☑ 参考書で出てきた地名はかならず地図帳で確認し、マーカーする。
- ☐ データ集には、「なぜその数値になっているのか」という理由をメモする。

◆共通テスト演習の勉強法

目安とする勉強時間：15時間（「1.5時間：解く60分＋復習30分」×10回）
ベストな勉強の時期：高校3年生の冬

【おすすめの教材】
『大学入試センター試験実戦問題集地理B』（駿台文庫）
『センター試験過去問研究　地理（センター赤本）』（教学社）

勉強の手順

共通テストの本番と同様に60分の時間制限を設けて問題を解き、採点・復習をしましょう。共通テスト形式の演習教材は少ないので、似た形式で問われるセンター試験時代の過去問も使いましょう。

注意すべきポイントとしては、**「古すぎる過去問はやらない」**ということです。データをもとにした出題が多い地理では、**古いデータをもとにして作られた過去問をやるとかえって逆効果になりかねません。**ですから、センター試験や共通テストの過去問は5年ぶん程度で終えて、あとは予備校の模試やその過去問を中心に演習しましょう。

CHECK!!

☐ 正解できた問題も、「きちんと根拠を持って解いた」のか「なんとなく答えたら正解だった」のかを分析する。

◆地理演習

目安とする勉強時間：30時間（「2時間：解く60分＋復習60分」×15回）
ベストな勉強の時期：高校3年生の冬

【おすすめの教材】

早慶レベル　旧帝大レベル

『東京大学への地理歴史』（駿台文庫）

『納得できる地理論述』（河合出版）

志望校の「赤本」（教学社）

勉強の手順

実際の試験時間と同じ時間で問題を解きましょう。解き終えたら、模範解答と比較しながら自分なりに採点してみます。

ここでのポイントは、「**たとえ、見たことのないような問題でも答案を書く**」ということです。試験では、見たこともないようなデータが出題されることが少なくありません。これは、データの背景にある要因を推察する力が試されているからです。ですから、普段の演習でも、わからない問題として諦めてしまうのではなく、自分なりの推察で答案を仕上げるトレーニングをすることをおすすめします。

METHOD.5

「理科」の戦略的攻略法はこれだ！

SECTION

① どの選択科目を選択するべきか。

理科についても、まずは「**科目選択**」についてみていきましょう。社会科と同様、受験生のタイプ別におすすめの選択科目を紹介しています。志望校で受験可能な科目を調べたうえで、選択科目を決定するようにしてください。

文系の場合（共通テストでのみ理科を使用する場合）

◆**こんな人には「化学基礎」「生物基礎」「地学基礎」がおすすめ**

☑理科も暗記中心で乗りきりたい人

◆**こんな人には「物理基礎」「化学基礎」がおすすめ**

数学に苦手意識がない人

※基礎科目の場合は二つ選択する必要があります。

理系の場合

◆**こんな人には「物理」「化学」がおすすめ**

王道を行きたいという人

◆**こんな人には「生物」「化学」「地学」がおすすめ**

暗記が苦にならないという人

※「地学」で受験できる大学は限られています。選択する際は志望校の受験科目を確認するようにしてください。

受験理科で問われるものの多くは、基本的には定石問題や、それにひと手間加えた問題ですので、理科は学校で学習する定石問題をいかに完璧にするかが勝負だということになります。よって、比較的対策しやすく、やればやるだけ伸びる科目といえます。まずは学校の勉強を重視して学習していきましょう。

物理基礎・化学基礎・生物基礎・地学基礎

SECTION

② 理科基礎の勉強法

目安とする勉強時間：30時間
ベストな勉強の時期：高校3年生の冬

【おすすめの教材】

「教科書」
「スタディサプリ」理科基礎各講座（リクルート）
『MY BEST　よくわかる』シリーズ（学研）
『宇宙一わかりやすい高校生物　生物基礎』（学研）
『青木の地学基礎をはじめからていねいに』（東進ブックス）
『リード Light』シリーズ（数研出版）

『駿台受験シリーズ 短期攻略』シリーズ（駿台文庫）
『大学入試センター試験実戦問題集』シリーズ（駿台文庫）

勉強の手順

文系にとって、理科基礎は勉強時間を確保しづらい科目ですし、配点の観点からも多くの時間をかけるべきではありません。ですから、現役生は学校の授業を活用し、**授業でインプットをすませてしまう**ぐらいの気持ちで取り組んでください。学校の授業をうまく活用できないという場合は、問題演習に入る前に参考書の要チェックポイントや、公式などがまとまっているページを何度も読み込みましょう。

インプットの勉強は教科書や参考書を2周します。1周目では、章ごとの説明を読み、**暗記事項・理解すべき事項にひと通り目を通して理科基礎で学ぶ事項をすべて把握**します。このときに無理にすべてを暗記しようとする必要はありません。**細かい部分については2周目で暗記**していきましょう。

続いて、アウトプットとして、問題集を2周しましょう。理科基礎で出題される問題はほとんどが基礎的なものですから、**理科基礎の問題集に載っている問題はすべて完璧にする**つもりで取り組んでください。

過去問演習では、共通テスト本番と同じ時間で問題を解きましょう。理科基礎の試験時間は2教科で60分です。このときのポイントは二つあります。一つ目は**自信がなかった問題について、問題文の脇に×印などを付けておく**ことです。これはまぐれで正解してしまい、復習を怠ってしまうのを防ぐためです。二つ目は答え合わせのときに、**解答・解説を読んで「なぜ自分が間違ったのか」を分析する**ことです。間違いを「知識不足」と片付けるのではなく、どの分野の知識が、なぜあやふやだったのかを明確にしましょう。

CHECK!!

- □ できるだけ学校の授業でインプットをすませる。
- □ 「なぜ間違ってしまったか」を分析しながら答え合わせをする。

物理

SECTION

③ 受験物理の全体像を把握する。

全体像と学習手順

1 基本公式と原理習得 & 2 定石問題 ⬇ 3 過去問演習

物理は、大きく分けると、力学・電磁気・波動・熱力学・原子の分野に分けられます。数学に比べると覚えるべき公式は圧倒的に少ないので、まずはそれを完璧に覚えることから始めましょう。これと並行してやる**定石問題のマスターが、もっとも重要で時間をかけるべき部分**です。ここでとことん演習を積んだ後、自分の志望校の入試問題に取り組みましょう。

◆基本公式と原理習得の勉強法

目安となる勉強時間：75時間（力学 20時間 電磁気 波動 熱力学 各15時間 原子 10時間）
ベストな勉強の時期：高校2年生の春～高校3年生の春

【おすすめの教材】

「教科書」
『宇宙一わかりやすい高校物理』シリーズ（学研）
『大学入試 漆原晃の物理基礎・物理が面白いほどわかる本』シリーズ（KADOKAWA）
『秘伝の物理講義』シリーズ（学研）

勉強の手順

基本的に、学校の授業の進度に合わせて内容を一つ一つ理解していきましょう。分野としては、**力学から入るのが基本**です。**力学で扱う知識は、他の分野でも使われることが多い**ので、力学が理解できていると、他の分野も理解しやすくなります。

公式や用語を覚える際は、ただ丸暗記をするのではなく、「この公式はどういう場面で使うのか」「この現象はどういう原理で起こるのか」を考えながら勉強を進めてください。ただし、物理の現象などは一度で理解しきれるものではないので、2定石問題のマスターと並行してやることで、徐々に理解を深めていきます。

CHECK!!

☑公式を使う場面や、現象が起こる原理などを考えながら勉強する。ただの丸暗記にならないようにする。

◆定石問題の勉強法

目安となる勉強時間：250時間（力学 80時間 電磁気 60時間 波動 熱力学 各40時間 原子 30時間）

ベストな勉強の時期：高校2年生の春～高校3年生の夏

【おすすめの教材】
『セミナー物理基礎＋物理』（第一学習社）
『秘伝の物理問題集』シリーズ（学研）
『実戦　物理重要問題集　物理基礎・物理』のA問題（数研出版）

勉強の手順

どの問題集を使うにしろ、基本方針として、どの問題も最低4回は取り組むようにしてください。これは「**1回目で正解した問題も例外なく繰り返す**」という意味です。復習の回数は他教科よりも多いですが、その理由は入試において、物理は特に、定石問題に似た問題が出題される頻度が高いからです。**公式を使う場面はパターンが決まっている**ので、何回も繰り返すことでそのパターンを身につけるのです。

また、物理は数学と同様、**スピード感が求められる**科目でもあります。

「**公式をどの場面で使うのか**」**ということと、問題を解く「スピード感」の二つを意識**して定石問題の演習に取り組みましょう。

CHECK!!
- 問題集を繰り返し、公式を使うパターンを身につける。
- 問題を解く「スピード感」を意識する。

◆過去問演習の勉強法

目安となる勉強時間：170時間（力学 50時間 電磁気 40時間 波動 熱力学 各30時間 原子 20時間）
ベストな勉強の時期：高校3年生の夏〜入試直前

【おすすめの教材】
『実戦物理重要問題集 物理基礎・物理』のB問題（数研出版）
『名門の森 物理』シリーズ（河合出版）
志望校の「赤本」（教学社）

勉強の手順

過去問演習の目的は次の二つです。

❶ **定石問題の抜け落ちを見つける。**

❷ **限られた時間の中で最大限得点する力をつける。**

すべてを完璧にする必要はありませんが、入試問題の序盤の問題は、定石問題そのままであることが大半ですから、ここは確実に得点しなければいけません。ここでミスをするということは、定石問題が定着していないということです。**序盤の問題でミスをしたら、定石問題に戻るきっかけ**と捉えましょう。

❷については、毎回の問題演習に時間制限を課します。**計算ミスをしないように、かつスピーディ**にこなせるように訓練をしましょう。

CHECK!!

- 序盤の問題でミスをしたら、定石問題の演習に戻る。
- 正しく、スピーディーに問題を解く訓練をする。

化学

SECTION

④ 受験化学の全体像を把握する。

化学は、理論化学・無機化学・有機化学の三つの分野に分けられます。ざっくり言えば、「理論化学は計算問題」「無機化学・有機化学は暗記もの」となりますので、「理論化学の勉強法」と「無機化学・有機化学の勉強法」に分けて説明していきます。

理論化学

全体像と学習手順

1 知識や原理習得 & 2 定石問題 ⬇ 3 過去問演習

◆知識や原理習得の勉強法

目安となる勉強時間：50時間
ベストな勉強の時期：高校2年生の春〜高校3年生の春

【おすすめの教材】

「教科書」
『宇宙一わかりやすい高校化学　理論化学』（学研）
『鎌田の理論化学の講義』（旺文社）
『理論化学の最重点　照井式解法カード　パワーアップ版』（学研）
『総合的研究　化学［化学基礎・化学］』（旺文社）

勉強の手順

学校の進度に合わせてインプットしていきましょう。**教科書をフル活用し、理解**

が追いつかない部分は参考書で補いましょう。理系でかつ国公立や早慶などの難関大を目指す人は、前述の『総合的研究 化学』(旺文社)をあわせて学習するのがおすすめです。公式は、数学や物理に比べて比較的少ない代わりに、関連する図やグラフなどもあわせて理解する必要があります。物理と同様、**2定石問題**と並行しながら「**どの場面で公式を使うのか**」を意識して基礎知識を身につけていきます。

CHECK!!

☐ 公式を使う場面を意識し、関連する図やグラフなどもあわせて理解する。

◆定石問題の勉強法

目安となる勉強時間：200時間
ベストな勉強の時期：高校2年生の春～高校3年生の春

【おすすめの教材】

『セミナー化学基礎＋化学』（第一学習社）

『実戦　化学重要問題集　化学基礎・化学』のA問題（数研出版）

『照井式問題集　理論化学　計算問題の解き方』（学研）

勉強の手順

どの問題も最低3回は取り組みましょう。この問題演習での目的は次の二つです。

❶**反応式などの知識が身についているかをチェックする。**

❷**正しく数値計算する力をつける。**

計算問題とはいえ、反応式や法則などの暗記事項を使うこともたびたびあります。計算問題を解く中で、その問題を解くために必要な知識が確実に身についているかどうかを確認し、もし抜け落ちがあれば、また覚え直します。

また、化学は**小数を含む具体的な数値での計算が非常に多く**、答える際にも「**有効数字3桁で答えよ**」など、**細かく指定される**ことが多い科目です。さまざまな単位が出てくるため、**単位変換にも注意が必要**です。定石問題の演習を通して、単純なミスをさけ、正しく数値計算する力をつけていきましょう。

CHECK!!

- □ **解答に必要な知識が身についているかどうか確認する。**
- □ **小数を含む計算、有効数字の扱い、単位変換などに慣れておく。**

◆過去問演習の勉強法

目安となる勉強時間：150時間
ベストな勉強の時期：高校3年生の夏～入試直前

【おすすめの教材】

『実戦　化学重要問題集　化学基礎・化学』のB問題（数研出版）

志望校の「赤本」（教学社）

勉強の手順

過去問演習をする目的は、物理と同様、次の二つです。❶**定石問題の抜け落ちを見つける。**❷**限られた時間の中で最大限得点する力をつける。**

化学の入試問題も、序盤の問題は定石問題そのままであることがほとんどです。序盤でミスをしたら、関連する定石問題に立ち返りましょう。抜け落ちていた定石問題はしっかり確認し、得点すべきところは確実に取りにいきましょう。

演習の際には、時間制限を課して、**正確さとスピードも磨きましょう。**はじめはゆとりをもった時間設定にして、少しずつ制限を厳しくしていくと効果的です。

CHECK!!

- 序盤の問題でミスをしたら、定石問題の演習に戻る。
- 正しく、スピーディーに問題を解く訓練をする。

無機化学・有機化学

全体像と学習手順

1 知識習得 ⬇ 2 問題演習（過去問演習）

◆知識習得の勉強法

目安となる勉強時間：150時間（無機化学 60時間 有機化学 90時間）
ベストな勉強の時期：高校2年生の春～高校3年生の夏

【おすすめの教材】

「教科書」
『宇宙一わかりやすい高校化学』シリーズ（学研）
『照井式解法カード』シリーズ（学研）
『福間の無機化学の講義』（旺文社）

『鎌田の有機化学の講義』（旺文社）
『ここで差がつく 有機化合物の構造決定問題の要点・演習』（KADOKAWA）
『総合的研究 化学［化学基礎・化学］』（旺文社）

勉強の手順

無機化学・有機化学の暗記事項は、学校の定期テストで9割以上を取りにいくつもりで、しっかりやりましょう。化学は、学校によっては全範囲を終えるのが高校3年生の冬になるなど、入試直前まで新しいことを学ぶことがよくある科目です。にもかかわらず、暗記量は膨大ですから、習ったときにその都度消化しておかないと、後々大変なことになるのです。

使う教材としては、**基本的に学校の教科書をベースにして、わからない点などを参考書で補います**。無機化学・有機化学は特に、ただ読んでいるだけでは頭に入ってこないので、**自分が読んでわかる程度のきれいさでノートにまとめ直すと良い**でしょう（決して〝きれいな〟ノートを作ることに夢中になってはいけません）。また、自分なりのゴロ合わせを作るのもおすすめです。

CHECK!!
□ノートにまとめ直したり、ゴロ合わせで覚えたりして、知識を定着させる。

◆問題演習（過去問演習）の勉強法

目安となる勉強時間：120時間（無機化学 50時間 有機化学 70時間）
ベストな勉強の時期：高校2年生の春～高校3年生の秋

【おすすめの教材】
『セミナー化学基礎＋化学』（第一出版社）
『実戦 化学重要問題集 化学基礎・化学』（数研出版）
『照井式問題集』シリーズ（学研）

『ここで差がつく 有機化合物の構造決定問題の要点・演習』（KADOKAWA）
志望校の「赤本」（教学社）

勉強の手順

これも、定期テスト対策の際にやってしまうと良いでしょう。理論化学と同じく、最低3回は繰り返すようにしましょう。問題演習という形で知識が身についているかどうかを確かめることで、**暗記した知識が「使える知識」に変わっていきます。**

有機分野の構造決定に関しては、最初はかなり苦戦するはずです。**構造決定は、とにかく数多くの問題に触れることで磨かれていく**ので、まずは『ここで差がつく有機化合物の構造決定問題の要点・演習』（KADOKAWA）に載っている問題から取り組んでみましょう。答えを導き出すまでの考え方を、初心者にもわかるように多くの紙面をさいて解説してくれているのでおすすめです。これがひと通り終わったら、問題集や過去問の構造決定問題を解いていくと良いでしょう。

CHECK!!
知識を使えるようになるまで演習を繰り返し、実戦力を磨く。

生物

SECTION ⑤

受験生物の全体像を把握する。

全体像と学習手順

1 知識習得 ⬇ 2 定石問題 ⬇ 3 過去問演習

生物は理科科目の中では、暗記要素の多い科目です。まずは教科書的な知識のインプットから始めましょう。入試問題では、実験を題材にしながら知識を問われるので、**知識のインプットの際に関連する図表などを参照する**ことが肝心です。ひと通りのインプットを終えたら、定石問題の演習に入りましょう。ただし、生物の入試問題では定石問題がそのまま出題されるというより、**定石問題を発想の起点として、試験本番**

で考える問題が出題されます。定石問題を組み合わせる頭の使い方には慣れが必要ですから、最後は過去問などで徹底的に演習を積む必要があります。

◆知識習得の勉強法

目安となる勉強時間：75時間
ベストな勉強の時期：高校2年生の春～高校3年生の春

【おすすめの教材】
「教科書」
『MY BEST　よくわかる生物基礎＋生物』（学研）
「スタディサプリ　高3　生物」（リクルート）

勉強の手順

生物では、学習する範囲全体を通読するやり方では集中力が分散し、また各分野の深い関連性を理解できません。**1章ずつ理解していく**方法を取りましょう。まず、1章ぶんを通読します。次に、その章の重要語（赤字や太字）になっている部分を覚えるよう意識しながら再度通読しましょう。最後に、**実験の手順や考察・図表にも注意しながら読み進めましょう。**こうした通読でのポイントは**単純に読み進めるだけではなく、**見開きページを読み終わったら、そのページで**何が述べられていたのか振り返る**ことです。通読するだけでは、頭が働いていない場合が多いので、かならず**振り返りの癖をつけましょう。**

CHECK!!

- 1章ずつ通読し、まずはそれぞれの分野ごとに理解する。
- 実験の手順や考察・図表も意識しながら読み進める。

◆定石問題の勉強法

目安となる勉強時間：250時間
ベストな勉強の時期：高校2年生の春〜高校3年生の夏

【おすすめの教材】
『生物基礎問題精講（生物基礎・生物）』（旺文社）
『実戦 生物重要問題集 生物基礎・生物』（数研出版）

勉強の手順

まずはひと通り問題を解いてみましょう。このとき、知識問題（語句補充や単答問題）を間違えてしまった場合は、インプットに使った教科書や参考書に戻って復習をしましょう。また、**考察系の問題が多く出題されるのも生物の特徴**です。考察系の問題で間違えてしまった場合は、**どのような思考過程をたどれば正解に至るの**

かを意識して解説を読み進めしょう。そのうえで、同じ問題集を少なくとも3周以上繰り返し、1冊を完璧にしていきましょう。

CHECK!!
考察系の問題は、正解にたどり着く思考過程の理解が重要。

◆過去問演習の勉強法

目安となる勉強時間：170時間
ベストな勉強の時期：高校3年生の夏～入試直前

【おすすめの教材】
『理系標準問題集 生物』(駿台文庫)
志望校の「赤本」(教学社)

勉強の手順

実際の試験時間と同じ制限時間のもとで、過去問を解いてみましょう。生物の場合は、考察系の問題が多く出題されるので、**制限時間内にどれだけ考えられるのか、訓練が必要**です。考察系の問題では、生物学の分野の最新の研究内容が出題されることも少なくありません。**ノーベル賞受賞研究などは、インターネットや新聞記事を参考に事前に調べておきましょう。**

演習が終わったら、解答・解説を見て、**自分の思考過程と模範解答の思考過程を比較**してみましょう。問題の解き直しをする際は、**模範解答の思考過程に合わせる形で、再度解き直す**ことで、試験に勝つ頭の使い方をマスターしていきましょう。

CHECK!!

- ノーベル賞受賞研究は事前に内容を調べておく。
- 解き直しの際は、模範解答の思考過程を自分のものにする。

4

CHAPTER.

綱島先生の個別相談室

PROLOGUE

プロローグ

あるところに、悩める五人の学生がいました。

書店でふと手に取った、『現役東大生が伝えたい　やってはいけない勉強法』。

「え！　私のやり方、間違ってた？」

「なんだか、急に焦ってきた」

「この本に書いてあること、本当？」

「もう少し詳しく教えてほしいな」

悩みもそれぞれなら、感じ方もそれぞれ。

そこで彼らは、著者の綱島先生による「個別受験相談」に申し込んでみたのです。

はたして、五人の悩みは解決するのでしょうか？

片瀬唯

Katase Yui

PROFILE

［性　　別］♀
［相談時期］高校1年生の冬
［文理選択］未定
［志　　望］未定

［得意科目］数学・化学
［苦手科目］英語・世界史
［部　　活］吹奏楽
［趣　　味］カラオケ

明るい性格で、日頃からコツコツと勉強するタイプ。クラスでは学級委員をつとめている。文化祭などのイベントにも積極的に参加し、みんなの盛り上げ役でもある。もうすぐ行われる、文理選択についてかなり悩んでいる。

001

QUESTION.1

文理選択はどう決めればいいですか？

片瀬　初めまして。片瀬といいます。私は高校1年生なんですが、この先の進路のことでいろいろ悩んでいて……。本はちゃんと読んだんですけど、まだ迷っていることがたくさんあるので、面談を申し込んでみました。今日はよろしくお願いします。

先生　はい、片瀬さんだね。こちらこそ、どうぞよろしく。えっと、事前の質問用紙によると、片瀬さんは数学・化学の理系科目が得意で、英語と世界史が苦手なんだね。それで「**文理選択**」に関して迷っているということか。

片瀬　はい、そうなんです。先生の本に書いてあった「まず第1志望校を決めなさい」ってところで、もうつまずいちゃったんです。そもそも、**どうやって第1志望校を決めればいいのか**がわからないし、志望校どころか、**文系に進むべきか理**

系に進むべきかで悩んでしまっているくらいです。

先生 なるほどね。将来の夢とかは決まってないの？ **進路選択の理想は、やっぱり将来の夢から逆算すること**なんだ。将来の夢を考えたときに、どの大学のどの学部に行けばいいのかを考えるのが理想的だけど、片瀬さんの場合はどうかな？

片瀬 将来の夢……。まだはっきりとは決まっていないんです。いまの成績からすると、数学と化学が得意だから、レベルの高い大学に行けるのは理系だと思うんです。でも、将来、研究職につきたいわけではないし……。それに理系は女子が少ないって聞くし……。行きたい学部を考えると文系なのかなぁって。んー、でもそんな感じで決めていいのかなー、とも思ってしまうし。やっぱり悩みます。先生、文系か理系かは、どうやって決めればいいんですか？

先生 まぁ、将来の夢から決めるってなかなか難しいよね。そもそも、将来の夢が高校生の時点で決まっている人はごく少数なわけだし。僕も片瀬さんと同じころに将来の夢なんて見つかっていなかった。ホント、文理選択迷ったよ。

片瀬 先生もですか？ 意外です。先生は、すべての物事を迷いなく決断している方だと思っていました。本を読んだ印象ですが(笑)。なんか、ちょっと安心しました。

先生　僕の場合、実際に一度、失敗もしているしね。自分の目標にしっかりと向き合わないで、まわりの友達が理系に行くからって理由で理系を選んでしまった。でも、自分が研究をしている姿を思い浮かべたときにどうもしっくりこない。それで高校3年生になるときに、理系から文系に変えたんだ。

片瀬　文転ですね！

先生　そうそう。なんとかうまくいったから良かったけど、やっぱり文理選択を失敗してしまうのは「時間のロス」が大きいんだ。いますぐにでも、自分の「**目標**」や「**価値観**」と向き合って「文理選択」と「志望校選択」をしていこう。

片瀬　目標や価値観と向き合うってどういうことですか？

先生　例えば、片瀬さんの場合、「理系に行けば、偏差値の高い大学に行けそう」だし、「文系に行けば、学びたい学部で学べそう」っていうところで迷っているんだよね。だったら、その二つを比べてみるんだ。前者の「より高い環境に自分の身をおいて、レベルの高い仲間を作る」という目標と、後者の「大学では自分が学びたい学問を学ぶ」という目標。どっちが自分にとってより大切なのか？　これは、個人の考え方の問題だから良い・悪いなんてない。片瀬さんにとってどちらが大切なのかって話なんだ。

片瀬 私にとってどちらが大切か、ですか……。すぐには選べないです。

先生 まぁ、そうだよね（笑）。でも、選ばないといけない。正直、僕はどっちでもいいと思うよ！ さっきも言ったけど、**目標に良い悪いはない**から。「サッカーをやるか？ 野球をやるか？」に良い悪いなんてないでしょ。どこを目指すのかは好みの問題だから、自分の価値観と向き合えばいい。

片瀬 優秀な仲間のいる環境だと、いい刺激がもらえそうですよね。自分の学びたい学問だと、勉強が楽しくなりそう。うーん、どっちがいいんだろう……。

先生 あっ、でも、「どちらも大切」というのもありだと思うよ。文系の偏差値の高い大学を目指せばいいわけだし。僕は「挑戦」が大切だと思っていて、正直、今の学力なんて関係ない。そんなものは一度取っ払って、「自分がもし行けるのならばどこの大学に行きたいのか」っていういちばんの理想をまずは考えるんだ。そして、その目標に自分が合わせる。これが何よりも大切だと思うよ。

片瀬 そっか。そういう考え方もあるんですね！ 自分では思いつかなかったです。

やっぱり、いますぐには決められないけれど、「どうやって悩めばいいか」っていう悩み方はわかった気がします。

先生 うん。最終的には自分の価値観に素直になった方がいい。目標が決まらないことには、前に進めないから、まずは目標を決めよう。

一つ具体的なアドバイスをするとすれば……、自分の目標とか価値観って、机の前でいくら考えてもわからないことが多いと思うんだ。やっぱり行動しないといけない。僕は、進路に迷っている人には、いまから挙げる五つの行動をおすすめしているよ！

CHECK!!

◆第1志望校を決めるためにやるべきこと

❶気になる大学のオープンキャンパスに行く。
❷気になる大学の先輩の話を聞く。
❸気になる大学に片っ端から資料請求をする。
❹気になる大学をインターネットで検索する。
❺気になる大学の公開授業を受けてみる。

この五つのことをしたうえで、最後は「エイヤッ!」っと決める。

片瀬 「エイヤッ!」ですか(笑)?

先生 そう! エイヤッ! どんな決断にもプラスの面もあれば、マイナスの面もある。だけれども決断しないといけない場面って受験だけじゃなくて、今後の人生でたくさんあると思うんだ。そのための訓練の一つだと思って、しっかりと自分で決断してほしい。目標が見つかったら、徹底的に逆算をして、勉強計画を練っていってね。

[文理選択を行うときの一例]

将来の夢から逆算して決める

or

学びたい学問の学部から決める

or

得意不得意科目を考慮して決める

*
文理選択の失敗による文転理転は時間のロスが大きいので注意

QUESTION.2

指定校推薦って どういうものですか？

片瀬 先生、私は一般選抜だけじゃなくて、「**指定校推薦**」もありかなぁって思っているんですが、先生は指定校推薦についてはどんなふうにお考えですか？

先生 どうって聞かれてもなあ……（笑）。まぁ、僕自身の考えとしては、**目標を達成するために活用できるものは徹底的に活用すべき**だと思うので、指定校推薦もガンガン活用していけばいいと思うよ。

片瀬 よかったー。先生には「一般選抜じゃないとダメだ！」って言われちゃうんじゃないかと思ってました（笑）。

先生 そんなことはないよ。ただ、指定校推薦の制度や選抜の仕組みについて、ちゃんと理解しているのかな？

CHECK!!

◆指定校推薦の制度

各大学が優秀な生徒を早めに確保するために行う学校推薦型選抜の制度の一つ。高校に対して一定数の推薦枠が与えられ、選抜が行われる。どの大学のどの学部に何人分の指定校枠が設けられているのかは、高校によって大きく異なる。大学と高校との信頼関係で成り立っているため、高校側は学内で選考を行ったうえで推薦を行う。高校側からの推薦に加えて小論文や面接、または共通テストの成績が求められることがあるが、合格率が高いというのが魅力。

片瀬 へえ、そういう制度なんですね。詳しいことは全然わかってなかったです。

先生 それはいけない。どんなゲームでも、まずはルールを知らないことには勝ち抜くことはできないよね。何事もそうで、まずルールを理解して、それからどう攻略すればいいのかを徹底的に逆算するんだ。

片瀬 指定校推薦の場合は、「**内申点**」が大切だと聞いたことがあります。ということは、**内申点を取るための逆算**が必要だということですね。あ、あと「欠席が少ない」のも大切だって聞いたことがあります。

先生 うん、どちらもその通り。片瀬さんは真面目でコツコツ取り組むことが向いているタイプだから、内申点を高めに取るのは得意だと思う。もし行きたい大学や学部が、片瀬さんの高校の指定校推薦枠の中に存在するのなら、積極的に活用していくことをおすすめするよ。

片瀬 私は指定校推薦に向いているんですね。あっ、でも、指定校推薦向けの勉強をしていて、もし指定校を取れなかったらどうしよう……。枠に限りがあるわけですよね。もしダメだった場合、そこから一般入試に切り替えなくてはいけないと思うと怖いです。

先生 まぁ、どんな選抜システムにも、「選抜」であるからには「競争」がある。それは仕方がないことだよね。ただ、内申点をしっかりと取れるということは、基礎学力がついているということ。一般入試でも基礎学力はとても重要だから、指定校推薦がダメだった場合にすべてが無駄になるわけではないよ。

片瀬 そうですよね！ 指定校推薦について、自分でも調べてみようと思います。学校の先生に聞いたら、どんな大学の枠があるかわかりますか？

先生 教えてくれると思うよ！ **どの大学のどの学部に何人推薦できるのかはそれぞれの高校でまったく異なる**から、学校の先生にどんどん質問すべき。それから、どの枠に何人希望者がいるのかについても相談してみるといい。はっきりとは教えてくれないと思うけど、それとなく雰囲気はわかるから（笑）。

片瀬 たしかに、そうですよね。定員の少ない人気の推薦枠だと、自分よりも成績が良い人がいたら、取られちゃいますもんね。

先生 そうだね。あとは、「指定校推薦希望者向けの説明会」とかも高校で開いているはずだから、そういうものに参加して情報を得ることも大事だよ。そのとき、ついでに説明会の会場を見渡して、どの枠をどのくらいの人が希望しているのか探ってみること。そうやって**実際に足を使って情報を取りにいくことも、指定校推薦の戦略を立てるうえですごく重要**なことなんだ。

片瀬 わかりました！ 頭も足も使って、情報調査をしてみます。

QUESTION.3

一般選抜以外は他にどんなものがありますか？

片瀬　指定校推薦以外にも、学校推薦型選抜には「公募推薦」があるんですよね？　あと、「総合型選抜」というのも聞いたことがあります。指定校推薦で行きたい大学が見つかるかまだわからないし、他の選抜方式についても教えていただけますか？　それぞれの特徴やどんなタイプの人にどの選抜方式が向いているのか。あと、合格をつかむための戦略についても知りたいです。

先生　では、まず「総合型選抜と公募推薦の違い」から説明するね。総合型選抜は以前は「AO入試」と呼ばれていたもので、**「自己推薦」で受験できる**んだ。一方で、公募推薦は学校推薦型選抜の一部だから、**「学校推薦」が必要になる**ってことだ。同じ学校推薦型でも、**指定校推薦は学校推薦がもらえれば原則合格なのに**

対し、公募推薦は学校推薦のあとにまだ選考が残されているところが違いかな。

片瀬 なるほど、そういう違いがあるんですね。特に総合型選抜については気になっていたんです。たしか東大も推薦入試を取り入れたんですよね。

先生 うん、そうだね。推薦入試をくぐり抜けて合格してきた人は、特に優秀な人が多いと聞いているよ。

片瀬 そうなんですか？ 総合型選抜って、楽して偏差値の高い大学に行ける制度だと思っていたんですが……。優秀な人が多いってことは、そうじゃないんですね。

先生 うん、楽して入れるってことはないと思うよ。むしろ、総合型選抜で合格するほうが大変なんじゃないかって思うくらい。どの大学も、優秀な生徒を比較的早い段階で確保するために総合型選抜を導入しているわけだからね。実際に、総合型選抜では、多くの応募者の中から選ばれるために、**自分自身のこれまでの実績をアピールしないといけない**んだ。

片瀬 なるほど、「総合型選抜は穴場だ！」というわけではないんですね。じゃあ、どんなタイプの人が総合型選抜に適しているんですか？

先生 一概には言えないけど、やっぱり特筆すべき実績のある人じゃないかな。数学オリンピックに出ていますとか、コンクールで入賞実績がありますとか、全国規模のイベントを主催しましたとかね。ただ一つ言いたいのは、「勉強したくないから総合型選抜がいい!」という短絡的な発想だけはやめたほうがいいってこと。「第1志望校合格」という希望を叶えるために、どの選択肢を選ぶのがもっとも実現性が高いかという観点で考えてほしい。その結果として総合型選抜を選ぶなら、それはありだと思う。

片瀬 私、いまのところ特筆すべき実績はないんですけど、総合型選抜は絶対にやめたほうがいいということでしょうか?

先生 もし本気で総合型選抜で受けたいと思うのなら、**その大学や学部がどのような学生を求めているのかを徹底的に調べよう**。そしてそれを分析したうえで、**求められている人物像に自分から合わせていく**んだ。そう、ここでも「逆算」が必要ってこと。「求められている人物像になるために、この時期までにこういうことをしておこう」という感じで、逆算的に自分の実績を作っていけばいい。まあ、「点数」とは違って基準が明確じゃないぶん、逆算の難易度はかなり上がるけどね。

片瀬 なるほど! 総合型選抜も「逆算」でいけるんですね!

先生 ちなみに、「公募推薦」などの学校推薦型選抜も基本的には逆算が重要なんだよ。**公募推薦では、一般的に「内申点（評定平均）」や「志望理由書」、「小論文」や「面接」などが求められる**ことが多いよ。総合型選抜と同様ここでも「大学が求める人物像」からの逆算が大事。上智大の公募推薦で合格した生徒も「その学部でやりたいことと、将来やりたいこと」を面接で話せるよう綿密に考えて練習していたよ。医学部などのように公募推薦が多い学部もあるから、これらも合格のチャンスを増やすために積極的に活用していくといいよ。知らないというだけで挑戦できる回数が減ってしまうのはもったいないことだからね。

片瀬 わかりました。チャンスをものにできるように、いろいろ調べて、しっかり逆算していこうと思います。今日はありがとうございました。

一般選抜以外の特徴のまとめ

学校推薦型選抜

指定校推薦

・学校推薦で原則合格
・内申点が重要
・学校内選抜あり
・高校ごとに推薦枠あり
・受験が可能な大学は各高校の推薦枠次第

公募推薦

・学校推薦で受験
・内申点が重要
・志望理由書が必要
・小論文や面接などの各種試験が存在する

総合型選抜

・自己推薦で受験
・自己実績をアピール

COLUMN

東大生200人にアンケート❹

予備校活用率はどのくらい?

東大生はどの予備校に通っていたのか大調査

予備校に通っていましたか?　**どの予備校でしたか?**

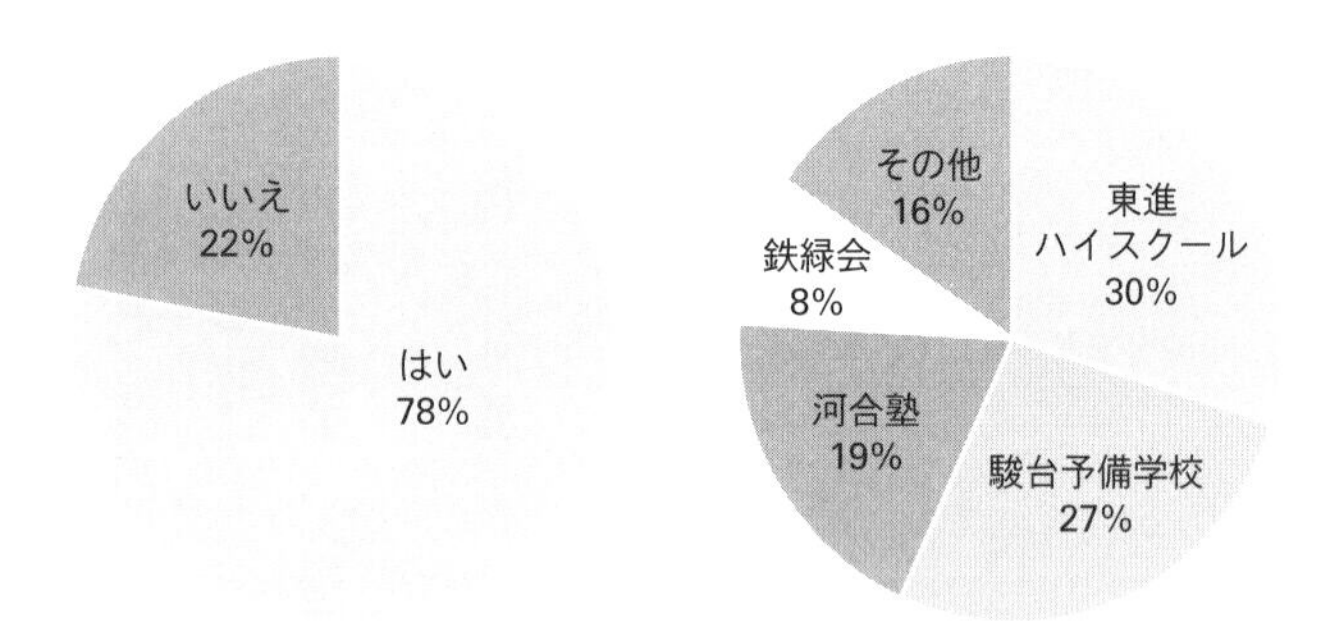

予備校に通っていた人が4分の3以上。
大手3大予備校が人気。

そもそも「予備校には通っていなかった」と答えた人は全体の22%でした。やはり、自宅学習は少数派で、8割近くが予備校を活用していたようです。

さて、「予備校に通っていた」と答えた人のうち、実に4分の3が「大手3大予備校」に通っていたと答えています。それに続き、東大専門塾として有名な「鉄緑会(てつりょくかい)」も人気でした。中にはいくつも掛け持ちで通っていたという超多忙な人もいたようです。

川端翔太

Kawabata Shota

PROFILE

［性　　別］♂
［相談時期］高校3年生の春
［文理選択］文系
［志　　望］慶應義塾大学商学部
［得意科目］現代文
［苦手科目］英語・漢文
［部　　活］サッカー
［趣　　味］スキー

サッカー部に所属しており、受験勉強は未着手。周囲に受験ムードがただよいはじめるなか、部活引退後に受験勉強を始めて本番に間に合うのか不安を感じている。志望校は慶應で譲れない。

002

QUESTION.4

「モテたい！」こんな志望動機でもいいですか？

先生 川端くんだね。今日はよろしく。

川端 はい！ 川端翔太、高3です！ よろしくお願いします。えっと、何にも考えないでとりあえず面談に来ちゃったんですけど……。

先生 うん、大丈夫だよ（笑）。ざっくばらんに聞きたいことを聞いてもらえればいいからね。

川端 ありがとうございます！ じゃあ、まず、志望校の決め方のことなんですけど。俺、部活動でサッカーやってて、まだ受験勉強を始めてないんです。でも慶應義塾大学の商学部に行きたいって気持ちだけはあって……。

先生 うん、川端くん、"慶應ボーイ"っぽい雰囲気出てるよね。

川端 ホントですか？ やった！ 実は服装とか、ちょっと意識してるんです（笑）。それで、志望理由が……正直に言ってしまえば、「モテたい」って理由、それだけしかないんです。まだなりたい職業も思い浮かばないし。志望校を決めるのに、そんな理由じゃ、やっぱりマズいですか？

先生 「モテたい」か。いや、悪くない理由だと思うよ！ しかも、慶應を選んでいるところがまたいい。もし、「モテたいから東大」って言われたら、「う〜ん……それはどうだろう？」と言ってしまいそうだけど（笑）。その点、川端くんは逆算ができているね。

川端 「モテたい」って理由にこんなに賛同してもらえるなんて、なんかうれしいです。

先生 その「モテたい」っていう**意欲が強ければ強いほど、目標に対する「熱意」が生まれて勉強を頑張れる**でしょう？ ならば、むしろ良い動機とさえ言えるんじゃないかな。受験って地味で地道な勉強の連続だから、「その努力の先にどんなに楽しいことがあるのか」をイメージすることはすごく重要だと思うんだ。川端くんの場合は、慶應に入学して「モテる自分」をイメージして勉強を頑張ればいいんじゃないかな。

川端　はい！　俺、「モテたい」って本気で思ってるんで、イケそうな気がします！　いま所属してるサッカー部は練習がめちゃくちゃ厳しいんですが、それも「モテたい」って気持ちだけで乗り越えてきたんで（笑）。受験勉強も頑張れると思います。

先生　うん、その意気だ。あっ、でもね、私立大学は特に、入学するのにも、講義を受けるのにも相当なお金がかかるんだ。だから、親御さんには一度相談したほうがいいよ。「慶應に行きたい」って気持ちは伝えてある？

川端　それなんですけど、うちの親は「いまの成績じゃ慶應なんて絶対に無理だ」って笑うだけで、全然相手にしてくれないんですよ。俺のキャラ的な問題なのかもしれないですけど。

先生　キャラ的な問題か（笑）。それはなかなか難しいね。

受験勉強でやる気を上げるコツ

勉強の連続でどうもやる気が上がらない…

努力の先にある楽しさを具体的にイメージする

目の前の勉強のやる気がでる！

QUESTION.5

第1志望校はどこまで"高望み"していいんですか？

川端 俺、あんまり成績良くないんです。客観的に考えると、自分でもいまの成績じゃ慶應に合格するのは無理だろうなって思います。模試の成績表を見る限り、MARCHを目指すのも厳しいって感じで……。俺、この状況でほんとに慶應を目指していいんですかね？　けっこう無茶な高望みをしてると思うんですけど。

先生 まだ高校3年生の春だし、いくらでも高望みしていいんじゃないかな。1年間、本当に必死で慶應一筋で頑張れるのなら、合格できると思うよ。

川端 先生、本心でそう言ってくれてますか？「1年間頑張ればどこの大学でも合格できる！　第1志望校は高く設定しろ!!」なんてセリフはたしかによく聞くけど、実際のところ、それにも限度があるんじゃないですか？

先生　いや、僕が合格できると言ったのは、決して精神論ではないんだ。川端くんの場合、１年間頑張れば合格できるという根拠がある。それは、第１志望校が慶應義塾大学商学部ってはっきり決まっているということ。これって、実は、受験するうえですごく有利なことなんだよ。

川端　えっ？　俺って有利なんですか？

先生　うん、そう。**第１志望校が明確に決まっている受験生は、決まっていない受験生に比べてすごく有利**。それはなぜかというと、「**勉強すべき教科が絞れる**」から。慶應の商学部の場合は、３教科だけ勉強すればオッケーだ。一方、第１志望校が明確に決まっていない受験生は、いろいろな教科を勉強してしまう。その点、川端くんは３教科を集中的に勉強すればいいのだから、有利ってわけ。

川端　３教科だけか。たしかに、それなら１年間でもなんとかなりそう。

先生　そうなんだ。３教科なら、１年間必死でやれば間に合うよ。ただし、これまであまり勉強してこなかったツケはもちろんある。それを受け止めたうえで、いまから慶應の商学部に向けた**一点突破型の受験戦略**で勉強を始めるんだ。

川端　絶対に慶應に行きたいので、頑張ります。一点突破型でやってみます。

先生 そういうふうに強い思いをもって志望校を決めている人って、実は案外少ないんだよ。だから、その点は川端くん有利なんだよね。戦略が立てやすい。第1志望校が決まっていない人は、いろいろな教科に勉強時間を分散させてしまうから、不利になってしまうんだ。

川端 親にも学校の先生にも「お前が慶應なんて絶対無理だ」って言われてきたので、綱島先生に「有利だ」って言ってもらえて、すごく勇気が出ました。

先生 まぁでも、くれぐれも楽観視はしないように。逆算にもとづいた努力は必要だからね。ポイントは、**逆算をし、「方向性を間違えない」**こと。次に、**その方向に向かって「圧倒的に努力」する**こと。特に川端くんの場合は、いまから成績をかなり伸ばさないといけないわけだから〝無駄なこと〟をしている時間は一切ないよ。徹底的に逆算をして、無駄な勉強を省きながら、努力をしていこう。

一点突破型の受験戦略

＞

戦略の無い受験生よりかなり有利

〇 ✕

教科を絞らずに受験に必要ない教科を勉強する

教科を絞って受験教科の勉強時間を最大化する

QUESTION.6

部活が夏まであります。短期間で合格できるプランはありますか？

川端　「勉強を頑張ろう」っていう決心はできたんですけど、部活動が夏まであるんですよね。大会でどこまで勝ち進めるかによって、引退時期は変わってくるんですけど。高3になってから、まわりが本格的に受験勉強を始めていて、なんていうか、「受験ムード」がただよい始めてるって感じです。それがけっこう不安で……。部活引退後に短期間で合格を目指すには、具体的にどうしたらいいですか？

先生　まず、最初にひと言。**短期間で合格を狙うからには、覚悟が必要。**まあ、当たり前だよね。自分が部活をしているときにまわりは受験勉強しているわけだから、その間に当然差をつけられている。この点は揺るがない事実だから、まず頭に入れておいてほしい。で、そこから短期間での合格を目指すってなると、それこそ、逆算力が必要になってくる。

川端 短期間だからこそ逆算力が必要？　どういうことですか？

先生 期間が短いなら、なおさら無駄な勉強をしている暇はないってこと。第1志望校を徹底的に分析して、合格するために必要な勉強だけをしていくんだ。こうすれば、回り道をしなくていいから、短期間でも合格の可能性を上げられるよ。

川端 逆算して、他の受験生がするような回り道を避けて、最短距離で突っ走れば合格の可能性が出てくるということですね。なるほど、サッカーのドリブル突破みたいな感じですね!?

先生 サッカーは詳しくないけど、たぶんそういうこと（笑）。要するに、勉強できる期間が長い人が合格できるわけではないってこと。もし、時間だけの勝負なら、浪人生のほうが圧倒的に有利なはずだよね。でも、実際のところはそうはなっていない。「東大志願者・合格者の現役生と浪人生の比率」*を見てごらん。志願者の比率と合格者の比率に大きな差はないでしょ。文1や理3などのように、現役生の合格比率が浪人生よりもずっと高い場合もあるくらいだ。つまり、**準備期間が長いからって、かならずしも有利になるわけではない**ってことなんだよ。

CHECK!!

◆東大志願者・合格者の現役生と浪人生の比率（2016年度）
（東京大学公表資料より作成）

	志願者比率		合格者比率	
	現役生	浪人生	現役生	浪人生
文１	65%	35%	75%	25%
文２	67%	33%	69%	31%
文３	65%	35%	65%	35%
理１	69%	31%	65%	35%
理２	62%	38%	54%	46%
理３	40%	60%	82%	18%

※小数点以下は四捨五入。

川端 へえ、知らなかったです！　じゃあ、部活動をやっている人でも、遅れを挽回できるチャンスは十分にあるってことですね？

先生 もちろん、そう。でもね、部活動を頑張りつつも、いまからやれる勉強は始めておいてほしいかな。短期間で合格を目指すんだから、そう現実は甘くない。勉強方針のミスは許されないし、部活動を引退したら、休日は毎日13時間ぐらい勉強したほうがいいよ。

川端 えぇっ!!　13時間もですか!?

先生 慶應に合格したいんでしょ？　しかも、短期間で。けっこうな贅沢を言ってるんだから、それに見合う努力は当然必要ってことだよ。

川端 そっかぁ。まぁ、でもそうですよね。今日から心を入れ替えて勉強します。でも、いまは部活動がけっこうハードなので、あまりまとまった勉強時間が確保できないんですが……。部活動と並行しながら、いまのうちからやっておけることってありますか？

先生 そうだね、「英単語」と「英文法」はしっかりとやっておいてほしいかな。それぞれの詳しい勉強法はこの本の第3章で説明しているから、それを参考にしながら勉強するといいよ。特に、電車やバスでの通学時間など、**スキマ時間を有効活用していこう**。あと、部活動が終わった後はすごく疲れていると思うから、夜は早く寝て、朝早めに起きて勉強する習慣をつけていくのがおすすめかな。実際、このやり方で夏まで部活しながら東大に合格した生徒もいたしね。

川端　それを聞いたら何だかできそうな気がしてきました。

先生　うん。いまの成績から急成長して慶應に合格したら、まわりの人たちもすごく喜んでくれると思うよ。頑張っていこうね。

川端　はい！　俺、絶対に慶應に行って、絶対にモテてみせます（笑）。参考になりました。どうもありがとうございました。

［確立したい日常の勉強術］

スキマ時間の有効活用

＊
英単語や一問一答のアプリは手軽なのでおすすめ。

朝型の勉強習慣

＊
朝は集中力が高く学習効率が良い。本番の試験も朝に始まるためリズムを調節しておく。

樋口涼介

Higuchi Ryosuke

PROFILE

［性　　別］♂
［相談時期］浪人1年目の春
［文理選択］理系
［志　　望］MARCH・早慶
［得意科目］数学
［苦手科目］現代文
［部　　活］未所属
［趣　　味］ネットサーフィン

情報感度が高く、主にインターネットを通じて受験知識を収集している。その結果、参考書や大学偏差値については非常に詳しくなったが、情報過多でかえって混乱してしまっている。

003

QUESTION.7

第1志望校に特化した勉強ってリスクが高くないですか？

樋口　樋口といいます。浪人1年目です。本日はよろしくお願いします。

先生　はい、樋口くん。よろしくお願いします。

樋口　先生、僕はこの本をひと通り読んでみたんですが、ちょっとおかしいなぁって思っているところがあるんですよ。今日はそれについて聞いてもいいですか？

先生　おお、単刀直入だね（笑）。遠慮なくどうぞ。

樋口　この本って、基本的に「第1志望校に合格するための勉強法」が書かれていますよね。でも、「第1志望校に特化した勉強」って、第1志望校に落ちたときのリスクが高すぎませんか？　僕は受験情報をインターネットで調べることが多いんですが、あるサイトには、「日程を調べて、スケジュールの合う大学を組み合わせて何校か受験すべき」ってありました。だから僕は「MARCHや早慶を中心にうまく組み合わせて……」って思ってるんですが。先生はそのやり方についてどう思われますか？

先生 もちろん第1志望校以外も受験していいと思っているし、併願校も考えておくべきだと思うよ。ただ、**「スケジュールの合う大学を受ける」っていう点に関しては反対**かな。なぜなら、各大学・学部ごとに入試問題の特色があるからだ。その大学・学部の入試問題に対して適切な対策を練らないと、たとえ学力があったとしても落ちてしまう確率が高くなる。だから、基本的には第1志望校を設定して逆算で勉強すべきっていうのは変わらないかな。

樋口 でも、特化型の勉強をしていると、第1志望校以外に合格する確率を下げてしまうのではないですか？

先生 その通りだと思うよ。第1志望校に特化して勉強するんだから、当然だよね。第1志望校に合格できる確率がぐんと高くなるぶん、他の大学に落ちてしまう確率も高くなる。それが逆算して勉強することのメリットとデメリットなんだ。でもね、**どんな選択にもリスクはつきもの**だって考えてみよう。

樋口　どんな選択にもリスクはつきもの？

先生　どんな判断をしても、その判断には良い面・悪い面の両面があるってこと。"良いとこどり"はできないんだ。でも、基本的に、受験って第1志望校に合格するために頑張るものでしょ？　複数の大学に同時に通うことはできないわけだしね。だったら、第1志望校に合格する確率を上げるような勉強の仕方をしていかないとダメだよね。そして、そのぶん、それに見合うリスクはとらないといけないんだ。

樋口　じゃあ、第1志望校にこだわりのない人は逆算しなくてもいいってことになりますよね。スケジュールの合う大学をいくつか受けることによって、リスクもかなり分散されるわけですし。

先生　うーん、それも微妙かな。逆算して勉強をしないと、どこの受験校の対策も中途半端になって、結局どこにも合格できないってことが起こり得る。そうした悲劇を避けるためにも、行きたいと思う大学・学部を早く見つけて、それに特化した勉強をするのが理想的なんだ。

樋口　全科目まんべんなく勉強して、スケジュールが合う大学をたくさん受験するのは、一見リスクをとっていないようで、かえってそれが大きなリスクになってしまっている……ということですか。

先生 その通り。リスクのない勉強法なんてない。どうせリスクをとらないといけないなら、第1志望校合格のための適切なリスクをとろうって話。もちろん、リスクを可能な限り減らすための努力は必要だと思っているよ。それには、**第1志望校と試験傾向が似ている大学・学部を併願校として受験する**ことをおすすめしたい。

樋口 ちなみに先生は東大以外の大学も受験したんですか？

先生 僕の場合は、他は受験しなかったよ。東大一本。

樋口 えっ、ホントですか？ それは、やはり逆算を考えてのことですか？ それとも背水の陣をしいて東大に集中するためとか？

先生 もちろん、逆算は考えていたよ。背水の陣っていうのは、まぁ、両親にはそう説明したし、事実そういう側面もあったとは思うんだ。でも、実際は……。ただ単にかっこつけたかったんだよね。「俺は東大しか受けてないぞ」、的な（笑）。

樋口 え、そんな理由ですか？ たしかに、それ僕もちょっと言ってみたいですが（笑）。

先生 いやいや、もし過去に戻れるなら、一発自分を殴ってやりたいね。「調子に乗るな」、と（笑）。

樋口　そうなんですね（笑）。僕は、第1志望校だけ受験するというのはやっぱり怖いので、先生のアドバイスを参考に、いくつか併願校を探してみたいと思います。

先生　うん、それがいいと思う！　特に、**「大学入学共通テスト利用入試」を活用するのはおすすめ**かな。上手に活用すれば、併願校を受験しにいかなくても、共通テストの点数だけで合格することができるからね。共通テスト利用入試について、少し補足しておくよ。

CHECK!!

◆共通テスト利用入試とは

大学入学共通テストの点数で、私立大学の合否が決まる制度。必要受験科目数や配点などは各学校によって異なる。共通テストの点数が良ければ、私立大学独自の試験を受けることなく合格できるのが魅力。

※一部の大学では、個別試験を行う場合もあります。

樋口　なるほど！　共通テスト利用入試についても考えてみます。

QUESTION.8

現代文の対策はしなくていいって本当ですか?

樋口 他にも聞きたいことがあります。この本には「現代文の対策はしなくていい」ということが書いてありました。ですが、ネットでは「現代文を学習するとすべての科目の成績が上がる」という意見を目にすることが多いです。この意見を踏まえても、先生は本当に現代文は対策しなくていいと思われますか?

先生 そういう意見があるのは知っているよ。それでも僕は「対策しなくてもいい」という立場をとるな。たしかに、「現代文を勉強すれば、論理的思考力が得られ、他の教科の成績が上がる」という主張には一理ある。でも、それは現代文を勉強すべき理由にはならないと思うんだ。

樋口 なぜですか? プラスになるなら、やったほうがいいじゃないですか!

先生 それ！ その考え方は受験戦略としては危険なんだ。**「やったほうがいい」は「やるべき」理由にはならない**ということ。よく考えてみて。英単語を2000個覚えているよりも1万個覚えていたほうが「いい」でしょ？ 数学についても、高校数学で終わらせないで大学数学まで勉強したほうが「いい」でしょ？ でもね、「やったほうがいい」ことをすべてやれるほどの時間的余裕があるわけではないよね。**「やったほうがいい」ことの中でも優先順位をつけて、戦略を組んでいく**必要があるんだ。

樋口 現代文の勉強は、必須ではない、優先順位が高くはない、ということですか？

先生 うん、まさにそういうこと。時間に余裕があるなら、現代文の勉強はしたほうがいい。でも、やっぱり、**現代文は勉強時間の割に、得点が大きくは伸びづらい。**「コスパ（コストパフォーマンス）」が悪い科目といえる。だから、現代文の勉強はもっとも後回しにしていい。もちろん過去問演習で傾向とかは見ておいたほうがいいけどね。

樋口 「現代文はすべての科目の基礎だ」っていう主張についてはどうお考えですか？

先生 日本語なんだから、そりゃ基礎に決まっているよね（笑）。でもね、現代文で求められる日本語力と、例えば社会の論述問題で求められる日本語力には違いがあると思うよ。だったら、社会の論述問題で必要とされる日本語力を鍛えたほうがコスパは良い。現代文に限らず、どの科目にだって大なり小なり他科目に対しての波及効果はあるんだ。例えば、地理を勉強していると世界史の理解（帝国の位置、都市、地形など）に有利に働くといったふうにね。でも、だからといって、「地理と世界史はかならずセットで学習すべき」というのは極端でしょ？　その波及効果はあくまでも限定的なんだから、その効果を狙って勉強するのは少し違うかな、というのが僕の立場です。

樋口　なるほど、そういうことですか。納得できました。

QUESTION.9

模試はどのように活用していけばいいですか？

樋口 次は模擬試験について質問させてください。模試って、やっぱり積極的に受けたほうがいいんでしょうか？

先生 うん！　積極的に受けるべきだね。この本でも書いたけれど、受験生は1ヶ月に1回は模試を受けるべきだ。なぜかというと、自分の勉強の成果は、模試の点数でしか測れないから。いまの勉強方針のままでいいのかを、客観的な視点から見ることができるのが模試だからね。

樋口 なるほど、それはそうですね。ちなみに、どういう模試を受けるのがおすすめですか？　マーク模試、記述模試、早慶プレなど、模試にもいろいろと種類がありますよね？

先生 そうだね。でも一概には言えなくて、志望校や時期によって受けるべき模試は違ってくるよ。だから、おすすめの模試スケジュールをタイプ別に紹介しよう。

CHECK!!

◆受験すべき模試

高1が受験すべき模試	
6月	第1回駿台全国模試(駿台)
10月	第2回駿台全国模試(駿台)
1月	第3回駿台全国模試(駿台)
	共通テスト同日体験模試(東進)
高2が受験すべき模試	
6月	第1回駿台全国模試(駿台)
10月	第2回駿台全国模試(駿台)
1月	高2東大レベル模試(駿台)
	共通テスト同日体験模試(東進)
受験生が受験すべき記述形式の模試	
5月	第1回駿台全国模試(駿台)
9月	第2回駿台全国模試(駿台)
12月	第3回駿台全国模試(駿台)
	大学入学共通テストプレテスト(駿台)
志望校によって受験すべき模試	
8月	東大・京大・東北大・名大オープン模試(河合塾)
	東大・京大入試実戦模試(駿台)
10月	東工大・一橋大・名大・九大入試実戦模試(駿台)
11月	東大・京大・東工大・一橋大・阪大・神大・広大・九大オープン模試(河合塾)
	東大・京大・東工大・一橋大・北大・阪大・神大・東北大・広島大入試実戦模試(駿台)
12月	早大・慶大オープン模試(河合塾)

※毎年、模試の日程は多少時期が変動します。
かならず、自分で確認するようにしてください。

先生　早慶や国公立を狙うなら、駿台（駿台予備学校）が実施している駿台全国模試はおすすめだよ。受験生のレベルが高く、本番で戦うレベルに近い層の中での順位を知ることができるからね。

樋口　わかりました、覚えておきます。あとは、模試の復習方法について教えてください。「模試は復習する必要がない」っていう意見もあるみたいなんですが。

先生　そんな意見もあるの？　結論からいえば、**模試はかならず復習すべき**だよ。では、模試の復習方法についておすすめのやり方を教えるね。

CHECK!!

◆**模試の復習の仕方**

❶**模試を受けた日**

Step1　模試が終わったら、その日のうちに模範解答冊子を使って採点をする。このとき、記述形式の問題も自分なりに採点をする。

Step2　全科目の得点が出たら、得点が高い科目については「なぜ得点が高いのか」を考え、得点が低い科目についても「なぜ得点が低いのか」を考える。

Step3 Step2を踏まえて、勉強方針に修正が必要な場合は修正を加える。

❷ 模試を受けて1週間以内

Step4 間違えてしまった問題の解説を理解する。このとき、勉強したのに忘れてしまっている部分がある場合は、教科書や参考書を参照しつつ復習する。

Step5 解説が理解できたら、もう一度問題を解き直す。

Step6 Step4～Step5をすべての問題が完璧になるまで繰り返す。

❸ 模試の成績表（成績帳票）が届いた日

Step7 自己採点と実際の点数の違いを把握する。このとき、自分の採点が甘くはなかったか、また、実際に採点者はどこで減点をしているのかにも着目する。

Step8 採点方法を理解したうえで、もう一度模試のときと同じ時間ですべての教科を解き直し、採点する。

樋口　すごく具体的で、参考になりました。でも、一点だけ質問したいことがあります。

先生　はい、なんでもどうぞ。

樋口　「❶模試を受けた日」のStep2についてです。得点の低い科目について「なぜ低いのか」を考えることは理解できるのですが、どうして得点が高い科目についても「なぜ高いのか」を考えなくてはいけないんですか？　点数が取れているんだから、考える必要はないんじゃないでしょうか？

先生　いい質問だね！　でもね、考える必要はあるんだよ。なぜかというと、**得点が高いってことは、実はとても怖いこと**だからなんだ。

樋口　得点が高いことがどうして怖いんですか？　よく意味がわかりません。得点が高ければ、成績が順調に伸びているということじゃないですか。

先生　そう、まさにそこが怖さの理由。何も問題がないように見えてしまうことが、むしろ問題なんだ。成果が出ると、どうしても成果が出たこと自体に焦点がいってしまいがちだ。それによって、結果の分析や反省に至らないという状況が起こり得る。点数が高かったのは、たまたま得意分野が出題されたからかもしれないし、選択式の問題でまぐれ当たりが多かったからかもしれない。だから、結果が良かったときほど、気を引き締め直して復習をする必要があるんだ。

樋口 たしかに、そう言われてみれば、そうかもしれません。点数が高いだけで、その科目の勉強がうまくいっている、と短絡的に判断してはダメだということですね。なるほど。

先生 そう！ 模試は自分の学力を客観的に見つめる良い機会でもあるし、いままでの努力を答案用紙という形にアウトプットする絶好のトレーニングでもある。一度解くだけではもったいないから、何度も繰り返し復習をして、有効活用していこう。

樋口 はい、今日はありがとうございました。実は先生を論破するつもりで来たんですが、失敗しました（笑）。でも、とても有益な時間でした。引き続き、勉強頑張ります。

× 模試の結果が良いとき、その理由の分析をしない

○ 模試の結果が良いとき、良かった理由を分析する

COLUMN

東大生 200人にアンケート❺

東大 vs. 京大 !?

やっぱりお互い意識してる?

Question

東大は京大より上だと思いますか?

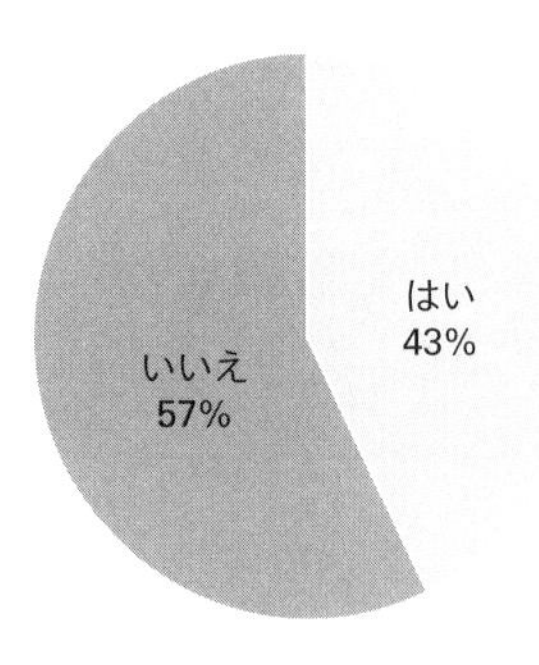

「いいえ」と答えた人が
過半数。

なにかと比べられる東大と京大。当の本人である東大生はどう考えているのでしょうか?
「上だと思う」と答えた人は全体の43%。その理由でもっとも多かったのは「なんとなく」。
一方、「上だと思わない」と答えた人の中で圧倒的に多かったのが「比較するようなものではない」という意見。たしかに、ごもっともです。京大生にも同じ質問をしてみたいですね。

佐藤彩

Sato Aya

PROFILE

［性　　別］♀
［相談時期］高校3年生の春
［文理選択］文系
［志　　望］国公立大
［得意教科］現代文・古文
［苦手教科］数学
［部　　活］天文部
［趣　　味］推理小説

国公立大第一志望で、堅実な性格ゆえにしっかりと情報をインプットしてから、対策を立てたいタイプ。共通テストで求められる能力とその勉強について関心が強く、満を持して相談室の門を叩いた。

004

QUESTION.10

共通テストってどんな試験ですか？

佐藤 はじめまして、佐藤です。今日はお時間をいただいて、ありがとうございます。

先生 こちらこそよろしくおねがいします！　佐藤さんはいま高3で、国立大学文系志望、ということだね。

佐藤 はい。それで、きょうお聞きしたいのは、入試のことで……。

先生 ああ、共通テストとか、そのあたりの話かな！

佐藤 そうです。共通テストの対策に関してあまりにも情報が少なすぎて、きちんと対策できるかとても不安なんです……。

先生 たしかに、共通テストは問題はもちろん、出願の仕方や条件などが複雑すぎて「結局どうすればいいんだろう？」というのは考えてしまうよね。共通テストや英語の外部試験などいろいろあるけど、まずどこから聞きたいかな？

佐藤 一番不安なのは、やっぱり共通テストで……。従来の入試とも変わっているから、きちんと点数が取れるのか心配です。これまでの勉強法も通用しなくなってしまうのかな……とも不安になります。

先生 オッケー！ そうしたら、まずは共通テストの話からしていこう。ちなみに佐藤さんは、これまでの「センター試験」から「共通テスト」になって具体的に何が変わったか知っているかな？

佐藤 えーっと、英語でリスニングの配点が大きくなったんですよね？ あとは……そういわれてみれば、詳しくはよく知らないかもしれないです。

先生 そこがポイントなんだ。「入試が変わる！」とさんざん言われているけど、「じゃあどう変わるのか？」を具体的に知っておかないといけない。逆に言えば、どう変わるのかさえわかればあとはそれに合わせて対策していくだけだから、だいぶ不安は軽減されると思うかな！ ちなみに共通テストでいうと、こういったところが主な変更点だね。

CHECK!!

◆センター試験から共通テストにかけてのおもな変更点

英語

☑「筆記」がリーディングになり、発音アクセント問題や文法問題がなくなる
☑リスニングの得点比率が20％から50％になる
☑リスニングで一部「一度しか読み上げられない」形式が出題
☑ポスターの読み取りやディスカッション資料など、実用を意識した問題が増える
☑本文中の「意見」か「事実」かの見極めが求められる問題が出る

数学

☑実用に即した計算や公式の活用を意識した出題がされる
☑「数学Ⅰ・数学A」の試験時間が60分→70分になる

国語

☑法律の条文やガイドラインなど、実用的な文章の読み取りが一部登場する（著作権法ガイドラインなど）

☐古文や漢文の問題中にも、生徒同士の議論を穴埋めする問題が出る

理科

☐実際の現象と紐づけた出題がなされる（物理「エレキギターの仕組み」、化学「カセットコンロ用のガスボンベの構造」など）

☐生徒同士の会話を踏まえて設問に答える形式が増える

社会

☐見たことのない資料やグラフを題材にして既習の知識を問う問題が増える

☐歴史科目でも資料やグラフの読み取り問題が増える

☐生徒の会話や議論を踏まえて設問に答える形式が増える

＊2018年実施のプレテストをもとに分析。ここからさらに変更となる場合もあります。

先生 これらの変更点はぜんぶ文部科学省の「大学入学者選抜改革について」というページに載っていることなんだ。いちどそのページを見てみたり、大学入試センターやいろいろな予備校が出しているプレテストを解いてみたりするといいね。

佐藤　たしかに、「共通テストに変わる」ということばかり不安でしたけど、変わるのってこれだけなんですね！

先生　そうなんだ。具体的に変わるポイントがわかれば、「リスニングは早めに対策しておく」「数学の問題はより実生活の例に注意して理解しておく」など対策の仕方もわかってくるんだ。さらに初年度で記述式問題の実施が見送られたように、しばらくは出題内容や傾向が変わりやすいから、発表される情報にも細心の注意を払っておくことが大事だね。

QUESTION.11

共通テストってどう対策すればいいですか？

佐藤　具体的に変更点を挙げてくださいましたが、変更点に対してはどう対策していけばいいかもぜひお聞きしたいです。

先生　そうだね、いちばん変更が多い英語を例にとってみようか。

佐藤　英語はリスニングの配点が高くなるんですよね。

先生　その通り。次のようになるんだ。

筆記200　リスニング50　⬇　リーディング100　リスニング100

先生　これは、いわゆる英語の「4技能」をよりバランスよく見るため。いままでは

「リーディング」に偏っていたから、より他の技能もみていこう！　というふうになったんだね。

佐藤　4技能が求められるということは、出題内容も変わるんですか？

先生　おっ、いい視点だね。実はいままでの「筆記」が「リーディング」に改められ、今まで出ていた文法問題や発音問題が出されなくなりそうなんだ。

佐藤　ということは、すべて長文問題、ということですか？

先生　そう。それも評論や物語だけじゃなく、ポスターやチラシの内容を理解できるか、といったものも出てくるんだ。今までより正確に文章を読むことももちろん、読むスピードも求められそうだね。そしてリスニングもリーディングと同じ配点になって、より重視して見ていく方針になったというわけだ。

佐藤　これだけ出るものが変わると、勉強する内容も変わってきますよね？

先生　それなんだけど、**各教科の基礎となる知識は変化しないし、勉強しなければならないことは大きく変わらないんだ。**

佐藤　どういうことですか？

先生　本でも言っていたように、英語の長文が読めるようになるには、その前に「英単語」「英文法」そして「英文解釈」ができるようになる必要がある。いくら本番で英文法がでないからといって、勉強を減らすことにはならないし、勉強の順番が変わるわけでもないんだ。

佐藤 長文が中心になるけれど、長文を正確に読むには今まで通りの勉強が必要、ってことですね。

先生 そう！　むしろ長文一発勝負になるから、知識や感覚ではごまかせない。より正確に、速く問題を解くにはいっそうそうした基本の勉強が大事になるんだ。

佐藤 これは英語以外でもいえるんですか？

先生 もちろん！　変化が大きいものでいうと数学や国語だね。初年度に記述式問題の導入が見送られたとはいえ、「どういうことか」「なぜか」以外を問うことが増えるなど設問が多様化しているから、今までよりいっそう正確な理解が必要になるね。現代文など、**いままで感覚で何となく解いていた、という人は要注意**かな。

佐藤 私はそうかもしれないです……。

先生 現代文は今までは「どういうことか」「なぜか」のどちらかばかりで聞かれ方も決まっていたから、消去法やあてはめで「なんとなくこれが正解」という感じで選べていたけど、設問のパターンが増えると自分で「どこが答えなのか」をはっきり見つけられないといけない。幸い共通テストの現代文はものすごく難しい問題が出るわけではなく、**しっかり「根拠を探して、本文に書いてあることだけを参考にする」**という意識さえもてていれば、確実に点が取れるはずなんだ。これは実は今までのセンター試験でも言ってきたことだから、より意識してできるといいかな。

佐藤 やることはいままでとそんなに変わらないんですね。なんだか安心しました。

先生 理科や社会でも設問の傾向が変わるけど、聞かれる知識は変わらないから、今まで通りまずは基本を固めていくことが必要だね。どの科目にも共通して言えることとしては、もちろん問題形式が変わるから、直前の問題演習で似たような問題に慣れる必要はあるね。だけど、解くために身につけないといけない能力は変わらない。「リスニングの配点が高くなる!」と焦ってリスニングをいきなり勉強し始めたり、「実用に即した問題が増える」という理由だけで新聞や本をたくさん読み始めたりするのではなく、**しっかり基本から勉強を進めていくことを忘れないように**してほしいね!

CHECK!!

◆共通テストの対策法

英語

- 今まで通り、「英単語・英文法」→「英文解釈」→「長文読解」の順番での学習が重要
- 文法問題がなくなるので、ネクステ系の問題集はすべてを完璧にしなくてもOK。基本的な問題だけスムーズに正解できるようにすることで、長文読解につなげる
- 発音・アクセント問題がなくなるので、その勉強はしなくてよい
- リスニングの配点が増え、重要度が高まるので、夏ごろから対策をしておく

数学

- 今まで通りすべての範囲をきちんと勉強する
- 問題文の読み取りが今まで以上に必要なため、今まで以上に時間を意識して、短時間で解けるように演習する必要がある

□問題文が現実世界の例をもとに書かれているため、「どの範囲の知識を使って解くのか?」を普段から意識して解く(ただし「二次関数は第1問」のように出る大問は決まっているため、それをヒントにして解くこともできる)。

国語

□選択肢式の問題はセンター試験の解き方と同じように解く

□「システム現代文バイブル編(水王舎)」などで「本文に書いてあることだけを答える」「自分の考えは問われていない」といった現代文読解のセオリーをつかんでおく

□擬人法や倒置、直喩、隠喩など、詩歌の基本的な表現技法を復習しておく

理科

□基本は今まで通り、ただ暗記するのではなく式の意味や現象の理解をとらえるようにする

社会

- 基本は今まで通り歴史の流れを踏まえて単語を暗記していく
- 今まで以上に資料集の図表や地図などをよく確認しておく

QUESTION.12

新しい入試制度で気を付けることはありますか？

先生　共通テストよりも、むしろ他の入試制度のほうが気を付けるべき対象かな。

佐藤　そうなんですか？　つい共通テストばかり気になってしまうんですけど、それは初耳です。

先生　この入試改革で求められるべき能力として、いままでよりも幅広い知識や思考力、表現力などが挙げられているんだ。これによって変わってきていることとしては、みんなもきいたことがある**「英語の外部試験利用」**があるよね。

佐藤　出願するために英検やTEAPの点数が必要、みたいな話は聞きます。私も今度英検を受けるつもりですけど、なんか使わないかも、みたいな話も出ていて……。

先生　うん。もともとは大学入試センターが一括して受験情報を管理して、大学の出願要件に入れようとしていたんだ。共通テストのところで話した「4技能」のうち、**共通テストでは見られない「ライティング」「スピーキング」の技能を問いたい**、というのが理由だね。

佐藤　でも、結局延期になってしまいましたよね。

先生　そう。2019年の11月に「2021年度入試での導入は延期します」と発表されたんだ。もともと受験回数や会場が限られていて地方の受験生にとって不平等だという批判もあったし、指摘されていた様々な問題が解決できない以上、いったん先延ばしにしましょう、という判断だね。だからひとまずは入試で「必須になる」ということはなさそうだね。ただし、将来的にはそういった4技能を問う問題が何らかの形で入試に盛り込まれる可能性が高いだろうし、**私立大学では従来から英検などの外部試験を利用した入試は行われている**から、そういうところを目指しているなら変わらず受験すべきだと思うよ！

CHECK!!

外部入試について

・2021年度入試での成績提供システム導入は先送り（2024年度入試から新たな英語試験を導入予定）

・各大学の外部試験利用の状況は流動的

先生　それより気を付けておきたいのは、「個別試験の科目数・設問内容」も変わってきていることかな。

佐藤　てっきり共通テストや外部試験ばかりだと思っていました……。

先生　2021年度入試で共通テストにかわるタイミングで、個別試験の科目数を増やす大学や出題内容に記述を入れる大学が特に私立大学で出てきているんだ。入試改革に積極的な早稲田大学や立教大学などはその例かな。いままで個別試験で英語・数学と理科1科目だけでよかった大学で、理科がもう1科目必要になったので……と、勉強の内容を相談しに来てくれた子もいたね。

佐藤 えっ、科目が増えるってこともあるんですか？ それは気を付けておかないと……。

先生 そう。逆に科目を絞って「総合問題」みたいな形にする例もあるね。そうして今までマーク式のみだった試験に論述や小論文形式を導入するんだ。

CHECK!!

入試の変更点の一例

・早稲田大学国際教養学部 今まで課していた個別試験を英語以外（国語、社会または数学）廃止、共通テストの得点を利用する

・早稲田大学商学部 「地歴・公民型」「数学型」「英語4技能型」で募集を分ける。センター試験利用入試（センターのみ利用）は取りやめ。

・早稲田大学政治経済学部　大学入試共通テストと学部独自試験を利用。学部独自試験では英語ライティングを追加し、日本語・英語両方の長文を読み解いたうえで解答する方式で、今までなかった記述式問題も追加する「総合問題」形式になる。
・立教大学　文学部を除き学校独自の英語試験を廃止、英語外部試験または共通テストのスコアを利用する
・明治大学商学部　センター試験利用入試で数学を必修化

＊2019年11月現在。英語外部試験成績提供システムの導入延期に伴い大きく今後変わることも考えられるため、最新の情報や2022年度以降の情報は調べるようにしてください。

佐藤　こんなに受験要件が変わるなんて、情報を追いかけるのが大変そうですね。

先生　まあ、たしかにね（笑）。ただ予告もなく突然変わります！　ということはまずありえない。そういった大きな制度改革の場合は2年くらい前から告知されていることが多いから、必ず自分が受けたい大学についてはその大学のホームペー

ジをチェックしておくことだね。

佐藤　全然知らなかったので、大学のホームページまで見たことはないかもしれません……。

先生　今日そのことを知れただけでも大きいと思うよ。ぜひ帰ったらすぐにでも、入試の制度について確認しておこう。そして、ときどきその制度が変わっていないか、どういう風に変わるのかというのは調べて、常にアンテナを貼っておくことが、２０２１年度からの入試改革すべてで大事なことかな。僕たちが運営している勉強法のサイトでも、そういったニュースは取り上げていくつもりだから、参考にしてみてね。

佐藤　はい、さっそく調べてみます！　今日はありがとうございました！

小松清香

Komatsu Sayaka

PROFILE

[性　　別] ♀
[相談時期] 高校3年生の夏
[文理選択] 文系
[志　　望] 名古屋大学・早慶上智
[得意科目] 英語・国語
[苦手科目] 日本史（論述）
[部　　活] 未所属
[趣　　味] カフェ巡り

成績優秀で模試の成績もいまのところは順調。地元の名古屋大学を目指しているので、日本史の論述問題の苦手意識をなくしたいと思っている。また、併願校についても現在の悩みの種。

QUESTION.13

記述式問題はどのように対策すればいいですか？

小松　先生、小松清香と申します。高校3年生で、文系です。先生の本、とても興味深く読ませていただきました。今日は面談を楽しみにしてきましたので、どうぞよろしくお願いします。

先生　読んでくれてどうもありがとう。さて、小松さんは、質問表によると……第1志望校は名古屋大学か。得意な科目は英語と国語、苦手な科目は日本史で、特に論述が苦手ということだね。

小松　はい、そうです。はじめに、苦手な論述問題や記述式問題の対策の仕方を教えていただければ、と思っています。論述が書けなくって……。先生がどういうふうに対策をしていたかなども教えていただけるとうれしいです。

先生 なるほど。まずね、**高校3年生の夏の時点で論述問題が書けないっていうのは、不思議なことではない**から、そんなに苦手意識を持たなくてもいいよ。これからちゃんと対策していけば、書けるようになるから大丈夫。

小松 そうなんですね、良かった！　日本史の論述問題が特に苦手なんです。あとは英語の英作文とか、数学の記述式問題についても、それぞれ詳しく教えてほしいです。どの科目も基礎はしっかりと勉強しているので、模試でも点数が取れているんですけど、記述になると減点が多くて……。

先生 そっかそっか。じゃあ、まずは歴史の論述問題の対策について。論述問題のポイントを言うとね、それは**極力自分の言葉を使わない**こと。

小松 えっ、「自分の言葉を使わない」ですか？　論述なのに？

先生 そうそう。これ、勘違いしている人が多いんだ。論述問題って聞くと、なんか自分でいろいろと考えをひねり出して、自分の言葉で書かないと点数をもらえないって思ってしまいがちだよね。でも実はそんなことはない。**教科書や参考書に出てきた言い回しを上手に拝借しながら解答していくこと**が論述攻略のポイントだ。出来事の歴史的意義などを自分の言葉で表現するのはなかなか難しいよね。ならば、どんどん教科書の言葉を借りながら書いてしまったほうが賢いと思わない？

小松　たしかにそうですね。論述って、全部自分で考えて書かなくてはいけないものだと思っていました。でも教科書の言い回しを借りていいのなら、ハードルが下がりそうです。

先生　そうでしょ？　うまい表現はどんどん借りていけばいいんだよ。だから、歴史の論述問題を対策するうえで最重要なのは、教科書や参考書などの文章、あるいは論述問題集の模範解答などで「この表現は使えそうだな」と思うものを見つけたら、そのまま暗記してしまうことだね。これは英作文とかも同じ要領でイケる。

論述問題の攻略法

極力自分の言葉を使わないで書く

○　教科書に出てきた言い回しを使って書いていく

×　自分の頭でひねり出した言葉で全て書いていく

小松　「自由英作文」とかもですか？

先生　自由英作文はまさにそうだよ。模擬試験や過去問題集の模範解答などをどんどんん〝パクる〟べき。〝パクる〟というと聞こえは悪いかもしれないけれど、これは冗談抜きにそうすべきなんだ。なぜなら、**模範解答には文法的な誤りがないからね。確実に減点されない答案が書ける**ってわけだ。実際に僕も受験対策として、一橋大学の過去問の英作文の模範解答をいくつか暗記したよ。また、設問で「賛成か反対か」を問われたら、こう書き出すという「**解答の型**」なんかをあらかじめ決めておいたんだ。こんなふうにね。

I agree with this statement because I have an experience which supports it.
When I was eight years old, ………

小松　試験本番は、用意しておいたものの「穴埋め」をするってことですか？

先生　そう、少々〝受験テクニック的〟で気が引ける部分もあるけど、英作文で減点されない答案を書くには、こうした事前準備も必要だと思うよ。他にも「**自由英作文の型」みたいなものは、頭の中にいくつか用意**しておいたかな。「予定稿」って呼んだりするんだけれど、**典型的な英作文テーマを丸々暗記しておき、単語**

や語句レベルを最小限に書き換えて答案を作成する。そうすることで、試験本番では時間をかなり節約できる。

小松　へぇー、いろいろ考えるものですね（笑）。

先生　けっこう実践している人も多いと思うよ。自由英作文や論述は配点も高めだから、ここでの失敗は絶対避けたいからね。実際に試験を勝ち抜くのは知識がある人じゃなくて、「得点力」がある人だと考えよう。

小松　数学とかの記述式問題はどうしてましたか？　国公立受験だと、途中の計算過程も書かなくてはいけないところが多いですよね？

先生　始めに言っておくと、**数学で記述式の問題が問われた場合、ラッキーだと思うべき**だよ。数学が苦手って人は特に。

小松　えっ！　どうしてですか？

先生　だって、その計算過程にも点がもらえるんだから。たとえ途中までしか書けなかったり、答えが間違っていたりしたとしても、方向性さえ合っていれば、部分点をくれるってことだからね。

小松　「いかに部分点を取っていくか」も重要な戦略だということですね。

先生 うん、その通りだね。**計算過程はこまめに示すとか、言葉の論述をしっかりと書いておくとかするだけで、部分点もずいぶん変わってくる**と思うよ。ちなみに部分点の稼ぎ方については、おすすめの参考書がある。『東大数学で1点でも多く取る方法　文系編』(東京出版)をやってみるといいよ。これは東大志望者じゃなくても推奨したい一冊。「どういうふうに部分点を取ればいいのか」が書かれている参考書で、この手のことを解説してくれている参考書はなかなかないからね。これを読んで、貪欲(どんよく)に「あと1点」をもぎ取ろう!

小松 ありがとうございます。参考にさせていただきます。ちなみに解いた記述問題は自分で答え合わせをしてもいいですか? それとも、学校の先生にチェックしていただいたほうがいいでしょうか?

先生 基本的には、客観的に答案用紙を見てもらうべき。だから、学校の先生に添削してもらうといいと思うよ。**学校の先生に採点してもらい、減点箇所があれば、なぜ減点されているのかしっかりと聞く。**いま説明したようなことを積み重ねていくと、だんだん減点されない答案が書けるようになるからね。論述問題をむしろ得点源にできるようになれば、ぐっと合格は近づくはずだよ。

QUESTION.14

共通テストで失敗してしまった場合の切り替えはどうすべきですか？

小松 私が名古屋大学を第1志望校としているのは、名古屋が地元だからというのが大きな理由の一つです。自宅から通えるので、両親も名古屋大学に進学してほしいと言っています。でも国公立大学の場合、共通テストで思うような得点が取れなければ、志望校を下げるという判断をしなければいけませんよね？

先生 そうだね。二次試験での一発逆転をかけて第1志望校を受けるという手もあるけれど、いずれにせよ、難しい選択を迫られることにはなるね。

小松 念のため、共通テストで失敗してしまった場合のことも考えておかなくては、と思っています。その場合、私の気持ちとしては、地元で他の国公立大学を受けるより、早慶上智などの上位私大のほうを選びたいという思いのほうが強いんです。

先生 なるほど！ それならば、早慶上智の中から併願校を選び、実際に受験する学部をある程度絞って、効率良く対策していくのがいいね。あっ、そっか。でも、ご両親は地元を離れてほしくないのか……。

小松 そうなんです。一人娘ということもあってか、両親は私の一人暮らしが嫌みたいで。併願校は東京の大学から選びたいと相談してみたんですが、即座にダメと言われてしまいました。お互いついつい感情的になってケンカしてしまったりもして……。それが悩みで勉強に集中できないこともあるんです。

先生 それは非常に難しい問題だね。まず一つ言えるのは、「感情的になればなるほど東京の大学は受けさせてもらえなくなる」ってことかな。やっぱりいまはまだ経済面でご両親に面倒をみてもらっているわけだし、大学の受験料・入学金・学費だって協力してもらう部分が大きいでしょ？ だったらまずはご両親に感謝しないとね。そのうえで、ご両親が特に何を心配して反対しているのか、それを探るんだ。

小松 えっと、探るってどういうことをですか？

先生 例えば、もし「治安面」で心配しているのなら、「比較的安全な場所を探して住む」という条件をつけるとか。自分たちの目が届かないことを心配しているのなら、「門限を決めて、定時に電話を入れる」という条件をつける。そう、つまり、**ご両親の心配を解消してあげられるような条件をつけたうえで交渉に臨む！**

小松 え、「交渉」ですか？　両親と（笑）？

先生 これも立派な交渉だよ。しかも、自分の人生がかかっているんだから、重要な交渉だ。交渉の秘訣は、とにかく感情的にならないことなんだよ。妥協点を探りつつ譲歩する部分は譲歩し、これだけは譲れないという「成果」を勝ち取る。この場合は、感謝の気持ちを伝えつつ、親の不安要素を取りのぞくための条件をつけ、併願校受験という成果を得るということ。

小松 なるほど！　作戦を練って、両親と交渉してみようと思います！

先生 受験勉強って、けっこう孤独な戦いでもあるから、ご家族の支えがあるのとないのとでは、精神的にだいぶ違ってくるよ。ここでケンカしても誰も得しないからね。こういう問題は早めに解消して勉強に集中しよう。ちなみに、小松さんの場合は、第1志望校が名古屋大学で決まっているから、学部まで絞ったら、それと似た受験形態の学校・学部を探すという視点で併願校を選択してもいいと思うよ。

小松 はい。いまからしっかりと併願校を決めて、親に説明してみようと思います。

QUESTION.15

勉強は楽しんでやってはいけないんですか？

小松 最後にどうしても先生にうかがっておきたいことがあるんですが、よろしいでしょうか？

先生 なになに？

小松 この本を読んでいると、「受験勉強はあくまで入試突破のための手段でしかない！」という印象を受けてしまったんですけど、でも私は勉強は嫌いじゃなくて。知識が増えたり、新しい問題が解けるようになったりするのは楽しいって思ってしまうんです。それだと、先生の勉強法からはずれてしまいますか？

先生 勉強を楽しいって思えることはすごく良いことだと思うよ。うん、すごくいい！

小松　本当ですか？　安心しました。

先生　僕が「勉強が楽しいときは注意が必要」と言っているのはね、あまりに楽しくなりすぎて、楽しい科目しか勉強しなかったり、受験勉強では必ずしも必要でない、点数に結びつかないところまで勉強してしまったりすることがあるからなんだ。マニアックな知識を覚えることが快感になって、他の科目がおろそかになるほど時間を費やしてしまう人が、まれにいるからね。この本でも例に挙げたけど、歴史の勉強が楽しいって感じると、人ってついつい歴史の勉強ばかりしすぎてしまうでしょ。でも、それでは数学とか英語が犠牲になってしまうかもしれない。結論を言うと、**逆算による時間配分を守ったうえで楽しむ**のならば、大変よろしいってことです。

小松　なるほど、よくわかりました。不安に思っていたことが、かなり解消されました。いろいろ教えていただき、ありがとうございました。悔いのない結果になるように、精一杯頑張ります。

CONCLUSION

おわりに

受験生には、よく「全力でやり切ったと思えるまで勉強しよう」という話をしています。どれだけ本書のように勉強したとしても、本番はやはり「運」という要素も必要になります。ただ、納得のいく勉強法で、最後まで勉強をやりきれた！という経験は、その後の人生においても強い「成功体験」として自信につながります。この「成功体験」をぜひ受験で感じてほしいからこそ、「志望校からの逆算」で勉強法を決め、納得のいく形で受験本番を迎えてもらいたいと強く思っています。

センター試験が共通テストに変わり、入試制度が目まぐるしく変わっています。入試の傾向が変わるとつい、いろいろな情報に惑わされて勉強法も色々変えたくなってしまいます。そんな時こそ、本書で伝えた「傾向を正確に知り、必要なことを見極める」力、つまり「逆算する力」が変わらず活用できるはずです。本書を武器に、受験勉強を逆算で乗り切り、その考え方を今後の人生においても役立ててください。

みなさんの大学受験がうまくいくことを、心から願っています。

現役東大生が伝えたい やってはいけない勉強法【改訂版】

著者
綱島将人 TSUNASHIMA MASATO

大学受験学習塾STRUX創業者、株式会社ONER元取締役、東京大学経済学部4年（2020年3月）。神奈川県立トップの進学校に進学するも、入学時の成績はビリから数えた方が早かった。平日5時間、休日13時間の勉強を経て、独自の逆算メソッドを完成させ、1年間で学年トップにのぼりつめる。高校2年生時は同高校の理系トップを維持するも、将来の夢から文転を決意。文系でも学年トップに位置した。その後、東京大学文科2類に現役合格。受験勉強において、『逆算する力』の重要性を説く。

著者
橋本拓磨 HASHIMOTO TAKUMA

大学受験学習塾STRUX塾長、株式会社ONER創業メンバー、勉強法サイト「ストマガ」監修、東京大学法学部卒。地方トップの高校に首席入学、文系首席で卒業。自ら計画を立て、志望校から逆算して勉強を進めることで東京大学文科1類に現役合格。大学進学時に上京し、地方と首都圏の情報量の格差を目の当たりにしてからは、首都圏の高校生と地方の高校生も平等に自分の進みたい大学を進めるよう、オンライン授業も展開する「学習塾STRUX」や勉強法サイトの立ち上げに携わり、計画の立て方や勉強法を伝えている。

ストマガ（STRUX大学受験マガジン） https://daigakujukensenryaku.com/

PRODUCTION STAFF

ブックデザイン　野条友史（BALCOLONY.）
キャラクターイラスト　武田侑大
本文図解作成　髙橋龍之助（学研）
校正・校閲　半田智穂　秋下幸恵
佐野駿太郎　鈴木雅也
瀧浪和弥　成川広貴
長谷川有統　八代龍門
綱島葵　佐藤一慶
制作協力　山田雄斗
企画編集　髙橋龍之助（学研）
編集協力　半田智穂　秋下幸恵
岩崎美穂　渡辺泰葉
販売担当　冨澤嵩史（学研）
データ作成　株式会社 四国写研
印刷　株式会社 リーブルテック